Liebe Leserinnen, liebe Leser!

Der Fotograf ***Johann Scheibner*** *aus Berlin hat für den DuMont Bildatlas bereits in verschiedenen deutschen Landschaften fotografiert. Ihn beeindruckt die Vielgestaltigkeit der Heideregion.*

Klaus Bötig, *Journalist aus Bremen und Autor von über 80 Reiseführern, ist zu jeder Jahreszeit in der Heide unterwegs. Er findet sie ebenso interessant wie das sonst von ihm bevorzugte Griechenland.*

Wenn ich nach meiner Lieblingslandschaft in Deutschland befragt würde, wäre die Antwort klar: die Lüneburger Heide. Eine Rolle mag dabei spielen, dass ich sie seit meiner Kindheit kenne, vor allem aber ist es für mich ein einmaliges Erlebnis, im Sommer in einem riesigen Heidegebiet zu stehen, umgeben von einem rosafarbenen Blütenmeer, in dem einzelne Wacholderbüsche Akzente setzen.

Attraktives Ganzjahresziel

Doch nicht nur im August während der Blüte lohnt die Heide einen Besuch. Die Region im Viereck Hamburg, Bremen, Hannover und Wolfsburg hat das ganze Jahr über Reizvolles zu bieten. Die Heideflächen mit ihren Birkenalleen, Wäldern und kleinen Flüssen sind ein idealer Raum für ausgedehnte Spaziergänge und Wanderungen, für Fahrradtouren, Ausritte oder auch Kanutouren. Dafür, dass es nie langweilig wird, sorgen Tier- und Freizeitparks, interessante Museen und moderne Erlebniswelten wie die Autostadt in Wolfsburg. Wenn Sie im Dezember in der Region unterwegs sind, müssen Sie unbedingt einen Abstecher nach Celle oder Lüneburg machen, die dortigen Weihnachtsmärkte gehören zu den schönsten im Norden.

Radeln an der Elbe

Einen deutlichen Kontrast zur Heidelandschaft bilden das Elbtal südöstlich von Hamburg und das südöstlich anschließende Wendland, die im ersten bzw. letzten Kapitel dieses DuMont Bildatlas thematisch berücksichtigt werden. Hier im einstigen Grenzgebiet hat sich eine ganz besondere und artenreiche Naturlandschaft erhalten. Am schönsten lässt sie sich mit dem Rad erkunden, immer an der Elbe entlang – der Elberadweg gehört zu den beliebtesten deutschen Fernradwegen –, aber verpassen Sie nicht den Abstecher zu den Rundlingsdörfern im Wendland. Vor allem Lübeln oder Satemin laden unbedingt zur Rast ein!

Herzlich

Ihre

Birgit Borowski

Birgit Borowski
Programmleiterin DuMont Bildatlas

34 In der Weberei im Kloster Lüne zaubern vier Meisterinnen ihrer Kunst mit Wolle, Flachs und Seide.

52 Schnucken gehören zum Bild der Heide wie Erika, Ginster und Wacholder.

40 Wenn die Heide blüht und die Erika ruft, gibt es kein Halten – auch nicht für die Kutscher, die den Gästen gern ihre Heimat zeigen.

22 Geschlossen erhaltene mittelalterliche Bebauung und quirliges, junges Stadtleben bilden in Lüneburg einen reizvollen Kontrast.

Uelzen • Südheide

Wendland • Drawehn

Anhang

DuMont Aktiv

Genießen Erleben Erfahren

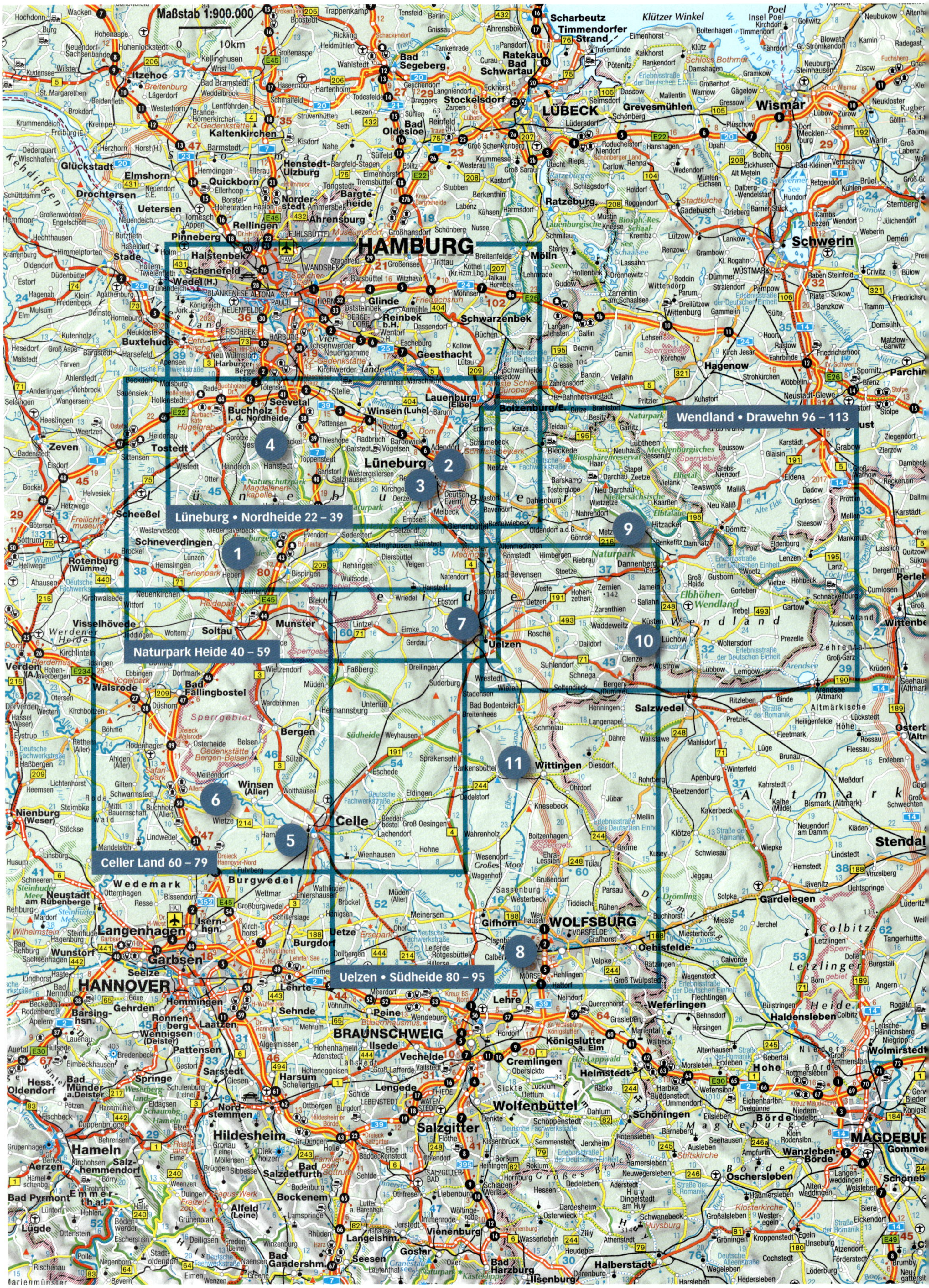

Maßstab 1:900.000
0
10km
HAMBURG
LÜBECK
Wismar
Schwerin
HANNOVER
BRAUNSCHWEIG
WOLFSBURG
MAGDEBURG
Lüneburg • Nordheide 22 – 39
Naturpark Heide 40 – 59
Celler Land 60 – 79
Uelzen • Südheide 80 – 95
Wendland • Drawehn 96 – 113
1
2
3
4
5
6
7
8
9
10
11
Lüneburg
Celle
Uelzen
Soltau
Salzwedel
Stendal
Wolfenbüttel
Salzgitter
Hildesheim
Hameln
Gifhorn
Wittingen
Schneverdingen
Buchholz i. d. Nordheide
Winsen (Luhe)
Stade
Buxtehude
Rotenburg (Wümme)
Walsrode
Bad Fallingbostel
Munster
Bergen
Lauenburg (Elbe)
Dannenberg
Hitzacker
Garbsen
Langenhagen
Burgwedel
Helmstedt
Gardelegen

Topziele

Erlebnisse, die Sie auf keinen Fall versäumen sollten, sowie die bedeutendsten Sehenswürdigkeiten haben wir hier für Sie zusammengestellt. Auf den Infoseiten sind die Höhepunkte als **TOPZIEL** *gekennzeichnet.*

NATUR

1 **Pietzmoor:** Das renaturierte Hochmoorgebiet bei Schneverdingen erschließt sich über Bohlen- und Plankenwege. **Seite 57**

1

KULTUR

2 **Rathaus Lüneburg:** Prächtige Holzschnitzereien und Wandmalereien lohnen eine Führung. **Seite 37**

3 **Deutsches Salzmuseum:** Tausend Jahre lang sorgte das Weiße Gold für Lüneburgs Wohlstand. **Seite 37**

4 **Kunststätte Bossard:** Mitten in der Heide finden Kunstfreunde einen expressionistischen Kulturschatz. **Seite 39**

5 **Schloss Celle:** Über 400 Jahre fürstlicher Pracht offenbaren sich in der Herzogsresidenz. **Seite 77**

6 **Deutsches Erdölmuseum:** Die erste Ölbohrung der Welt fand in Wietze in der Lüneburger Heide statt. **Seite 78**

7 **Bahnhof Uelzen:** Friedensreich Hundertwasser war nie in Uelzen – Spuren hinterließ er dennoch. **Seite 93**

ERLEBEN

8 **Autostadt Wolfsburg:** Weit mehr als ein Automuseum: die ganze Welt der Mobilität. **Seite 95**

9 **Archäolog. Zentrum Hitzacker:** Ausprobieren, wie man vor 3000 Jahren an der Elbe lebte. Anfassen der Objekte ist ausdrücklich erlaubt. **Seite 111**

10 **Rundlingsmuseum Lübeln:** Warum ist das Rundlingsdorf rund? In Lübeln findet man die Antwort. **Seite 112**

11 **Otterzentrum Hankensbüttel:** Fischotter, Dachs oder Hermelin bekommt man sonst selten zu Gesicht. **Seite 94**

11

5

8

Heidepoesie

Im Spätsommer entfaltet die Heidelandschaft ihre volle Pracht, und die Schönheit der Natur übersteigt alle menschliche Vorstellungskraft. Hautnah erleben kann man dies während einer Wanderung, wie hier durch die sanfthügelige Landschaft am Wietzer Berg bei Müden an der Örtze.

Stadtrummel

Jahr für Jahr lockt das Lüneburger Stadtfest über 100 000 Besucher an – ein Ereignis, das nicht auf einen Festplatz am Rand der historischen Salzsiederstadt verbannt ist, sondern mitten zwischen reizvoller Backsteingotik über die Bühne geht. Riesenrad und andere Fahrgeschäfte werden traditionell Am Sande aufgebaut, Lüneburgs schönstem Platz, der wie ein Freilichtmuseum mittelalterlicher Giebelarchitektur wirkt.

Bilderpracht

Nach der Reformation zu evangelischen Damenstiften umgewidmet, blieb in den Heideklöstern eine eigenständige christliche Tradition lebendig. Seine einzigartigen Wandmalereien aus dem 14. Jahrhundert, mit Motiven aus dem Leben Christi und aus dem menschlichen Jahreslauf, mit Rankwerk und Ornamenten, machen das Kloster Wienhausen zum Höhepunkt jeder Kunstreise durch die Lüneburger Heide.

Aushängeschild

Wer Wolfsburg hört, denkt an VW. In seiner „Autostadt" präsentiert der Volkswagenkonzern die Firmengeschichte und das Thema Mobilität auf unkonventionelle Weise. Doch Fortbewegung ist nicht aufs Auto beschränkt. Ein Fußgängersteg verbindet die Autostadt mit dem ICE-Bahnhof; darunter findet sich der Schiffsanleger für Rundfahrten auf dem Mittellandkanal.

Hamburg D 4803680

(Un)orthodox

Fünfzehn Originalmühlen und über fünfzig maßstabsgetreue Modelle vereinen sich zum Gifhorner Mühlenmuseum, einzigartig in Westeuropa. Eine der Hauptattraktionen hat weder mit Wind- noch Wasserkraft zu tun: Die russisch-orthodoxe Holzkirche am Rand des Museumsgeländes entstand nach einem zentralrussischen Vorbild. Jeden Sonntag finden in dem 1996 eingeweihten Nachbau mit seinen acht zum Teil vergoldeten Kuppeln Gottesdienste statt.

BÄCKEREI
KONDITOREI
SEIT
1871
Schloß Apotheke

Mannigfach

Celles Altstadt schmückt sich mit fast 500 aufwendig restaurierten Fachwerkhäusern aus vier Jahrhunderten, dem größten geschlossenen Fachwerkensemble Europas. Erker und Utluchten, geschnitzte Ornamente und Friese in vielfältigsten Formen, Hausinschriften in Niederdeutsch oder Latein – wer hier im Straßencafé sitzt, fühlt sich wie im Freilichtmuseum.

Die schönsten Heideflächen

Ein Traum in Violett

Heidekraut bedeckt nur rund ein Prozent der Gesamtfläche der Heideregion. Da ist es gut zu wissen, wo man es findet und wo es am schönsten ist. Über die Blütezeit, die von Jahr zu Jahr leicht variiert, informiert, auch mit Fotos, von Juni bis September tagesaktuell das „Heideblüten-Barometer" auf www.lueneburger-heide.de.

1

3

1 Toten- und Steingrund

Die beiden meistfotografierten Heidetäler sind Geburtsstätte und Filetstück des Naturschutzparks zugleich – Heideromantik pur. Entsprechend gut sind sie zur Zeit der Heideblüte frequentiert. Beide werden nur durch einen niedrigen Höhenrücken voneinander getrennt und sind von Wilsede aus gut auf einem etwa drei Kilometer langen Rundweg zu erwandern.

Der Steingrund trägt seinen Namen wegen der vielen dort von den Gletschern der Eiszeit abgelagerten Findlinge. Im Totengrund mit den bizarren Wacholderformationen sind Wanderer einst wohl des Öfteren von Geistern Verstorbener heimgesucht worden.

Im Naturschutzpark; nur zu Fuß von Wilsede oder Haverbeck zu erreichen

2 Höpen

Die touristisch wohl am besten erschlossene Heidefläche der ganzen Region ist der Höpen bei Schneverdingen. Das Areal beginnt mit dem Heidegarten, in dem 150 Heidesorten stehen, und mit dem heute als Café dienenden alten Schnuckenstall, in dem auch Schäferabende veranstaltet werden. Dort warten stets Kutscher auf Kunden.

Ein Rundweg führt hinunter zu einem zweiten, im Sommer nach wie vor genutzten Schnuckenstall, wo man dienstags bis samstags ab etwa 17.00 Uhr den Schäfer erwarten kann, der seine Herde ins Nachtquartier bringt.

Wanderparkplatz im Höpen, im Ort Schneverdingen gut ausgeschildert

3 Misselhorner Heide

Fast kreisförmig ist die Misselhorner Heide mit dem Tiefental in einen Mischwald rund um den 106 Meter hohen Eicksberg eingebettet. Seltene Pflanzen wie Lungenenzian, Waldläusekraut oder Sonnentau gedeihen hier, geschützt vom Grün der Bäume, das die Heideblüte umfriedet. Am Wanderparkplatz steht meist ein Imker, der seltene Honigsorten auch zum Verkosten offeriert.

Wanderparkplatz an der K 17 von Hermannsburg nach Lutterloh

4 Marxener Paradies

Man fühlt sich wie auf einem anderen Planeten, wenn man vom Wanderparkplatz aus nach nur 300 Metern ins Marxener Paradies eintritt. Mächtige Wässer haben hier ein für Norddeutschland ungewöhnliches Kerbtal in die Landschaft geschnitten, das von Mischwäldern gesäumt wird. Vom Waldrand bis zum Teich in der Mitte des Tals zieht sich die Heide, durchsetzt von Findlingen und Wacholdern. Ein etwa einen Kilometer langer Rundweg führt um das verzaubert wirkende Tal, in dem im Frühherbst auch viele Pilze gedeihen.

Wanderparkplatz an der K 23 zwischen Drögennindorf und Marxen am Berge

5 Schmarbecker Wacholderwald

Norddeutschlands größter Wacholderwald mit seinen knorrigen Stämmen lohnt auch dann einen Besuch, wenn die Heide nicht blüht. Besonders bei Nebel und an frühen Sommermorgen mutet er gespenstisch an. Im August und September bilden die dunkelgrünen Bäume einen fantastischen Kontrast zum Violett der Heideblüten. Radfahrer finden hier ausnahmsweise einen gut befestigten Weg vor, für Wanderer stehen drei Rundtouren von vier bis zwölf Kilometern zur Wahl.

Wanderparkplatz „Wacholderwald" in der Dübelsheide bei Schmarbeck, 6,5 km nordöstlich von Müden/Örtze

6 Wietzer Berg

Den besonderen Reiz der von Nadelwäldern gesäumten Heidefläche am 102 Meter hohen Wietzer Berg bei Müden an der Örtze macht ihre Hanglage aus. Sie erstreckt sich vom Wietzetal bis zum Lönsstein hinauf und bietet einen schönen Blick übers Tal. Eine Stunde reicht aus, um die gesamte Heidefläche gemütlich zu durchwandern.

Wanderparkplatz an der L 240 von Müden/Örtze nach Hermannsburg

7 Nemitzer Heide

Nach einem Waldbrand 1975 neu entstanden, ist die touristisch weithin unberührte Nemitzer Heide inzwischen 1061 Hektar groß. Die Hälfte davon ist mit Heide bewachsen. Ihre besonderen Merkmale sind das äußerst bewegte Dünenrelief und die großen Magerrasenflächen, die diese Heide zur größten Sandheide Deutschlands machen. Eine etwa 800-köpfige Schnuckenherde sorgt für ihre Pflege. Eine Heidewanderung hier dauert mindestens eine Stunde, auch Kutschfahrten werden angeboten.

Wanderparkplatz „Heide-Haus" an der K 43 von Trebel nach Nemitz im Wendland; Kutschfahrten: Albert Wolter, Tel. 05848 12 77

Zum alten Kran

Auf Salz gebaut

Die alte Salz- und Hansestadt Lüneburg gab der ganzen weiten Region zwischen Elbe, Weser und Aller ihren Namen. Von der klassischen Heidelandschaft ist in der Nordheide nur ein Hauch verblieben, die Nähe Hamburgs prägt ihr modernes Gesicht. Eine Vielzahl von Museen erzählt die Geschichte von Mensch, Technik und Natur, das Kloster Lüne und die Kunststätte Bossard sind Eckpfeiler regionaler Kunst.

Der Stintmarkt an der Ilmenau ist Lüneburgs Kneipenviertel.
Hier schlug schon im Mittelalter das Herz der Stadt.

Lüneburgs Rathaus als Hintergrundkulisse für den Wochenmarkt und für die Straße An der Münze (oben links und rechts). Eine Kostbarkeit des Rathauses ist die Gerichtslaube aus dem 14. Jahrhundert (unten rechts). Das Fassadendetail schmückt die Alte Raths-Apotheke (unten links).

Blick aus dem Stadtfest-Riesenrad auf den Platz Am Sande und die St.-Johannis-Kirche

„Lüneburg ... ist eine dieser Städte, die uns befriedigen, selbst wenn wir Regenmantel, umgekrempelte Hosen und wasserdichten Hut mit in den Kauf nehmen müssen."

Hermann Löns

Wo fängt die Lüneburger Heide an, wo hört sie auf? Fest steht: Jeder Ort, der sich zur Region zählen will, muss im Gebiet des einstigen Herzogtums Braunschweig-Lüneburg sowie im 1885 geschaffenen, 2005 aufgelösten Regierungsbezirk Lüneburg liegen.

Schwein gehabt

Die Dominanz Lüneburgs gründet sich historisch auf ein unscheinbares Mineral und eine sich im Schlamm suhlende Sau. Jäger spürten sie in grauer Vorzeit im Morast auf und sahen, wie sich ihre dunklen Borsten beim anschließenden Sonnenbad schimmernd weiß färbten. Die Sole von Lüneburg war entdeckt. Als Kaiser Otto I. die Zollrechte an der Saline 956 dem Lüneburger Kloster St. Michaelis übertrug, war sie bereits ein florierender Betrieb, der erst 1980 seine Arbeit einstellte. Das Deutsche Salzmuseum, das sich die letzten erhaltenen Salinengebäude mit einem Supermarkt teilt, erzählt anschaulich von der Salzgewinnung und vom Salzhandel, den historischen Grundlagen für Lüneburgs Wohlstand. Die Sole spült immer noch Geld in den Stadtsäckel, heute durch die Salztherme SaLü im Kurzentrum der Stadt. Die Reste der glückbringenden Wildsau hängen nach wie vor in der Alten Kanzlei des Rathauses.

Frei und gerecht

Das Lüneburger Rathaus will – wie so viele alte Häuser der Stadt – mehr scheinen, als es ist. Das deutlich niedrigere Puzzle aus Rathausteilen, seit dem 13. Jahrhundert Stück für Stück herangewachsen, verbirgt sich hinter einer von Barock und Historismus geprägten überhöhten Schauwand. Sie gaukelt dem auf dem Markt stehenden Betrachter einen schlossähnlichen Repräsentationsbau vor und betont damit den Anspruch der Ratsherren gegenüber ihrem Landesherrn auf – relative – Freiheit und Unabhängigkeit. Schon die Skulpturen an der Fassade zeigen die Ambitionen des Rats: In seiner Gesetzgebung und Zivilrechtsprechung fühlt er sich der durch Justitia personifizierten Gerechtigkeit und den großen Gesetzgebern Justinian, Karl dem Großen, Friedrich II. und Karl V. verpflichtet. An seine „hehre" Aufgabe erinnert auch ein faszinierendes Relief aus der Werkstatt des Albrecht von Soest in der Großen Ratsstube. Es zeigt vielfigurig das Jüngste Gericht als Mahnung an die irdischen Richter, dass auch sie eines Tages zur Rechenschaft gezogen würden.

Reich an Formen und Farben

Beim Streifzug durch die von den Türmen dreier mittelalterlicher Kirchen

Speisesaal für höhere Töchter: Sommer-Remter
aus dem 16. Jahrhundert im Kloster Lüne

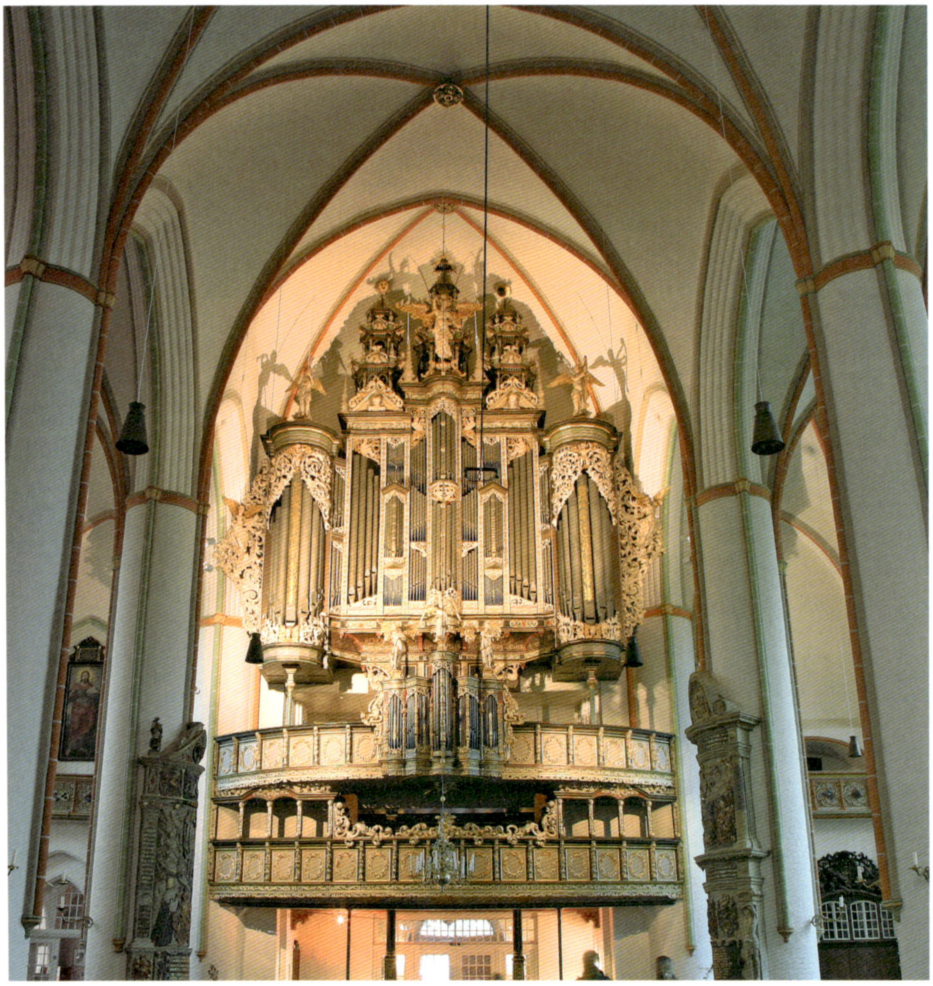

Gotisches Altardetail in der
Klosterkirche Lüne

Der berühmten Orgel in St. Johannis soll Anfang des 17. Jahrhunderts
der junge Johann Sebastian Bach gelauscht haben.

Blick vom Wasserturm über Lüneburgs Dächer, im Vordergrund St. Johannis

Handstein mit bronzenem Brunnenaufbau in der Eingangshalle von Kloster Lüne

Special

Solequellen

Salzgewinnung im Mittelalter

Ursprünglich wurde das Salz an der Erdoberfläche gewonnen, aber bald schon folgten die Lüneburger dem salzhaltigen Wasser unter Tage.

Die Quellen in bis zu 35 Meter Tiefe wurden durch Stollen, sogenannte Fahrten, erschlossen. Hier fingen die Fahrtknechte die Sole in Solekisten auf und leiteten sie durch ausgehöhlte Baumstämme zum zentralen Solebrunnen. Die Knechte beseitigten auch die Kalk- und Gipsablagerungen an den Quellen und erneuerten die Filter aus getrocknetem Heidekraut. Sodknechte in weißen Leinenkitteln zogen die mit Sole gefüllten Eimer ans Tageslicht und schütteten den Inhalt in hölzerne Rinnen, die zu den Siedehäusern führten. Bis 1797 gab es 54 sternförmig um den Solebrunnen errichtete hölzerne Siedehäuser, zur Energieersparnis dicht an dicht in die Erde hineingebaut, nur die Strohdächer schauten heraus. In den Siedehäusern standen je vier rechteckige Siedepfannen aus Blei, einen Meter lang und breit, auf einem Lehmofen. Frauen trugen das Brennholz heran und die noch glühende Asche nach draußen. Kinder halfen mit, ganze Familien waren in der Saline beschäftigt, bis zu 300 Menschen. Das Feuer unterhielten die Sülzknechte Tag und Nacht, bis zu dreizehn Siededurchgänge pro Tag waren möglich. Nur so war eine Jahresproduktion von mehr als 20 000 Tonnen Salz zu erreichen.

Arbeit an der historischen Siedepfanne

überragte Altstadt beeindruckt die architektonische Geschlossenheit. Selbst der Kaufhausriese beim Rathaus verbirgt sich dezent hinter verschiedenen historischen Fassaden. Auffällig ist die überdurchschnittlich große Zahl unabhängiger, nicht zu den bekannten Ketten gehörender Geschäfte, die den Bummel zu einem andernorts seltenen Vergnügen machen. Cafés und Restaurants haben sich in fast jeder Altstadtgasse angesiedelt, „tote Winkel" gibt es kaum. Dafür überall alte Häuser mit variantenreich verzierten Ziegelsteinfronten und Giebeln, die nach dem Vorbild des Rathauses mehr Hausvolumen vorgaukeln als tatsächlich vorhanden. Besonders schön sind die alten Häuserfronten am historischen Markt für die Fernhändler. Der 225 Meter lange und 40 Meter breite Platz wird heute Am Sande genannt. Am oberen Ende zeigt der 1548 erbaute Schütting mit seinem Taustabschmuck – Tauen gleichendem Ziegelsteindekor – und seinen dunkel glasierten Steinen, dass Lüneburg keine rote Klinker-, sondern eine an Farbnuancen und Backsteinformen reiche Stadt gewesen ist. Die Giebelformen geleiten durch die Jahrhunderte, vom schlichten Dreiecksgiebel über den ideenreich geschmückten Staffel- bis hin zum mit angedeuteten Spiralen verzierten Volutengiebel des 17. und 18. Jahrhunderts.

Der Hafenkran an der Ilmenau gehörte einst zu den leistungsfähigsten in ganz Norddeutschland.

In Lüneburgs heimeligen Altstadtgassen gibt es keine „toten" Winkel.

Der ehemalige Abtswasserturm beherbergt heute Hotelgäste in märchenhaften Suiten.

An den alten Hafenbetrieb erinnert ein mächtiger hölzerner Kran.

Alter Hafen, neu belebt

Von der Salzgewinnung profitierten vor allem Adel und Kirche, aber auch ein Großteil der Bürger gelangte durch den Salzhandel zu Geld. Hauptabnehmer war ab dem 13. Jahrhundert die Hansestadt Lübeck, deren Kaufleute das Salz zum Pökeln von Fisch und Fleisch in den gesamten Ostseeraum bis weit nach Russland hinein exportierten. Beim Transport konkurrierte die über Land führende Alte Salzstraße mit den Wasserwegen, schließlich liegt Lüneburg an der Ilmenau. An den alten Hafenbetrieb erinnert ein mächtiger hölzerner Kran, der in seiner mittlerweile restaurierten Form allerdings erst aus dem Jahr 1797 stammt. In der lebhaften Idylle des Wasserviertels kann man im Sommer auf Café- und Restaurantterrassen direkt am Fluss sitzen, den Kran und alte Wassermühlen vor Augen, das Rauschen der Ilmenau im Ohr. Im ehemaligen Abtswasserturm, 1530 für die Wasserversorgung der Lüneburger Brauereien erbaut, kann man heute sogar wohnen – er ist Teil eines Hotels.

Für höhere Töchter …

Wo Wohlstand herrscht, gedeiht die Kunst. Das war auch in Lüneburg der Fall, bis Herzog Ernst der Bekenner in den 1520er-Jahren die Reformation in seinem Herzogtum einführte. Schlichte

Eckhard Meyer in seiner Mühle in Bardowick, voller Einsatz beim Military-Turnier in Luhmühlen, imposanter Schiffsfahrstuhl bei Scharnebeck und die über 800 Jahre alte St.-Johannis-Kirche in Salzhausen (im Uhrzeigersinn)

Kirchen waren nun angesagt, der alte Schmuck wurde zerstört oder beiseite geräumt, die meisten Klöster geschlossen. In der Heide überdauerten sechs von ihnen als Nonnenklöster, in denen der niedere Adel und das begüterte Stadtbürgertum seine unverheirateten Töchter wohl behütet wusste. Eines dieser Heideklöster steht auf Lüneburger Stadtgebiet: das im 13. Jahrhundert gegründete Kloster Lüne. Mit stillen Innenhöfen, grün überrankten Fassaden und tief heruntergezogenen Ziegeldächern wirkt es heimelig. Innen rufen die Zellen im Süd- und Westflügel, das Sommer- und Winterrefektorium und der erhaltene Teil des Kreuzgangs ein Bild mittelalterlichen Lebens vor Augen.

... und einfaches Leben

Gleich hinter Kloster Lüne beginnen Nordheide und Elbmarsch mit modernen Kleinstädten wie Buchholz, Winsen an der Luhe und Hanstedt. Hier liegt auch Bardowick mit seinem mittelalterlichen Bauerndom. Wie einfache Bauern und Handwerker in der fruchtbaren Marsch und der viel ärmeren Nordheide

Bei Scharnebeck kann man mit dem kompletten Schiff Fahrstuhl fahren.

zwischen 1600 und 1950 lebten, zeigt das schon am Hamburger Stadtrand gelegene Freilichtmuseum am Kiekeberg, einer der höchsten Erhebungen in den einst von eiszeitlichen Gletschern geschaffenen und von Laubwäldern bestandenen Harburger Bergen. Bentheimer Landschweine, Holsteiner Kaltblüter, Kühe, Schafe und Hühner sorgen für authentischen Stallgeruch. In der Museumsbrennerei wird guter Haidmärker Korn destilliert, im Holzofen backen Brote und Kekse. Die Nähe zur Millionenmetropole ermöglicht einen umfangreichen Veranstaltungskalender, der vom

Bildhauerei, Malerei und Kunstgewerbe wie Töpfern oder Weben stehen in der Kunststätte Bossard …

Bei den Erlebnistagen im Freilichtmuseum am Kiekeberg wird Apfelkuchen gebacken.

... harmonisch im Einklang mit Architektur und Gartengestaltung.

Auch ein originalgetreues Mittagessen aus vergangener Zeit gehört zum Programm.

Schlachtfest bis zum Schmiedekurs in einer alten Dorfschmiede reicht.

Durch den „Heide-Suez"

Kein Heidebauer hätte es sich je vorstellen können: Seit den 1990er-Jahren ist die Heideregion sogar zum Traumschiffziel avanciert. Der Elbe-Seitenkanal macht es möglich. Flusskreuzfahrten von Bremen nach Lübeck oder von und bis Berlin steuern, bevorzugt zur Zeit der Heideblüte, Häfen mit – nun ja – nicht ganz so klangvollen Namen wie Wolfsburg und Uelzen an und bieten ihren Passagieren sogar die Möglichkeit, bei Scharnebeck mit dem kompletten Schiff Fahrstuhl zu fahren. Der 115 Kilometer lange Kanal muss zwischen dem Mittellandkanal bei Edesbüttel und der Elbe bei Artlenburg nämlich 61 Meter Höhenunterschied überwinden. Dazu dienen zwei Schleusen, eine bei Uelzen mit einer Hubhöhe von 23 Metern und eben das Schiffshebewerk Lüneburg bei Scharnebeck. Zwischen den grauen Betontürmen bewegen sich dort rote Stahltröge an je 240 Stahlseilen auf und ab, jeder 100 Meter lang und – ob mit oder ohne Schiff – beeindruckende 5800 Tonnen schwer.

Gesamtkunstwerk

Immer wieder ist die Heide für Überraschungen gut. In Lüllau bei Jesteburg schuf der außerhalb der regionalen Kunstszene kaum bekannte Schweizer Kunstprofessor Johann Michael Bossard zusammen mit seiner aus Buxtehude stammenden Ehefrau und Exschülerin Jutta Krull zwischen 1926 und 1950 ein Gesamtkunstwerk aus Wohn- und Atelierhaus, Kunsttempel und Garten, das die beiden Besitzer als Meister vieler Stile zwischen Heimatstil und Expressionismus ausweist. Dass das Werk der Bossards während der Zeit des Nationalsozialismus nicht als entartet eingestuft wurde, hatte es wohl weniger dem Hang zur germanischen Mythologie als ganz einfach der Weltferne des Anwesens in der Nordheide zu verdanken.

Besondere Einkaufsadressen

Shopping in der Heide

Edle Designer-Handtaschen, exotische Kaffeesorten und individuelle Meditationsteppiche gehören zum Überraschungsangebot der Heide. Regionale Kulinaria könnten ganze Speisekammern füllen. Aber auch für Schnäppchenjäger mit Niveau hält die Region mit zwei großen Outlet-Center Magneten bereit.

1 Weberei im Kloster Lüne

Gleich neben der Klosterpforte öffnet sich die Tür zur Handweberei, in der vier Meisterinnen ihrer Kunst mit Wolle, Flachs und Seide zaubern. Schals, Tischwäsche und Decken liegen in guter Auswahl bereit, Wandbehänge und Meditationsteppiche werden in Absprache mit den Kunden gearbeitet. Auch Wochenend- und Kinderkurse werden angeboten.

Kloster Lüne, Sophia-von-Bodendike-Platz,
21377 Lüneburg,
Tel. 04131 40 96 48,
www.weberei-im-kloster-luene.de

2 Ackermann Taschenmanufaktur

Im Ackermann Manufakturladen gibt es Taschen fürs Leben. Seit 1982 entwerfen Beate Sedlacek und Karl-Henning Hohmann zeitlos moderne Taschen, die bereits mehrfach mit Designpreisen bedacht wurden. Von der Wahl des Leders bis zur letzten Naht wird jede Ackermann-Tasche mit handwerklichem Geschick und viel Zeit von einer erfahrenen Mitarbeiterin in Lüneburg gefertigt.

An der Münze 1,
21339 Lüneburg,
Tel. 04131 3 58 57,
www.ackermann-leder.de

3 Feinzeug

Spülmaschinenfeste Gebrauchskeramik – vom Eierbecher in Blütenform bis zum Zimmerbrunnen, von der Knoblauchreibe bis zur Teekanne – ist das Metier von Margarete von Alemann. Ihr hinzugesellt hat sich im Laden am Rathaus die Modedesignerin Angela Kotzurek, die „sie" und „ihn" in Naturfasern hüllt.

Waagestraße 1 a,
21335 Lüneburg,
Tel. 04131 40 67 70,
www.aklh.de

4 Heidewachs Zierkerzen

In Deutschlands einziger Zierkerzenfabrik wird noch viel mit der Hand geschnitzt. Besonders gefragt sind Kerzen in der Form des eigenen Lieblingstiers. Besucher können bei der Herstellung zuschauen und auch über 300 weitere Kerzen für alle möglichen Anlässe wie Hochzeiten, Taufen oder Advent und Weihnachten erstehen.

Ebbinger Straße 1 a,
29664 Walsrode,
Tel. 05161 91 06 60,
www.zierkerze.de

5 Werkqart

Mit 28 Beschäftigten nahm die erste Werkstatt 1972 den Betrieb auf. Heutzutage finden weit über 600 Heidjer mit Handicap in den gemeinnützigen Heide-Werkstätten an drei Standorten Arbeit. Im Werkstattladen in Walsrode, dessen Name für „Werkstatt-Qualität-Art" steht, verkaufen sie ihre meist originellen, oft auch trendigen Produkte aus Holz, Metall und Pappmaché.

Lange Straße 37,
29664 Walsrode,
Tel. 05161 98 23 54,
www.heide-werkstaetten.de

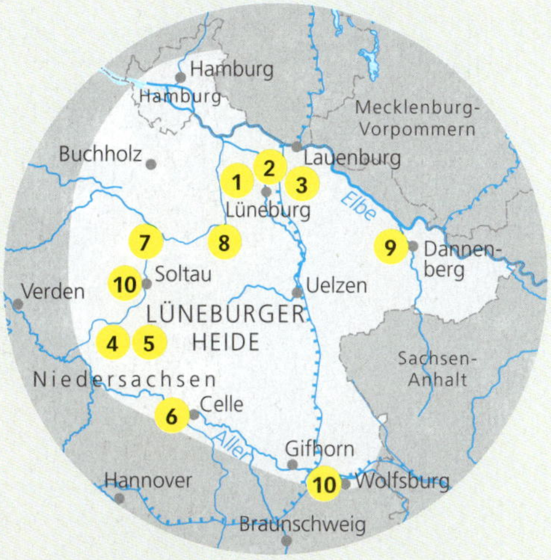

6 Huth's Kaffee & Feinkost

Huths Feinkostgeschäft lässt die Herzen von Liebhabern alter Tante Emma-Läden höher schlagen. Kern des Sortiments ist der Kaffee aus der eigenen Rösterei im Hinterhaus. Feine Schokoladen und Pralinen gehören ebenso zum Angebot wie allerlei Heidespezialitäten, inklusive des höllisch scharfen Ratzeputz, der typisch cellisch ist.

Großer Plan 7,
29221 Celle,
Tel. 05141 6008,
www.huthskaffee.de

7 Heide-Glaskunst

Glasbläser Egon Schmidt lässt sich gern bei seiner kunstvollen Arbeit zuschauen, bei der Vasen, Schalen, Weihnachtskugeln, Modeschmuck, Teelichter und Glastiere entstehen. Besonders schön sind die mit farbenfrohen Kolibris und Papageien verzierten Orchideenhalter.

Lüneburger Straße 59,
21385 Amelinghausen,
Tel. 04132 7984,
http://heide-glaskunst.de

8 Fellhaus von Fintel

Die robusten Felle der Heidschnucke sind außerhalb der Heide kaum zu bekommen. Hier liegen sie in großer Auswahl bereit. Dazu Felle von Gotland- und Grönlandschnucken, heimischen und australischen Schafen und Lämmern, aber auch von Stier, Kuh und Rentier für vielerlei Zwecke.

Harburger Straße 27,
29640 Schneverdingen,
Tel. 05193 6077,
www.fellhaus-von-fintel.de

9 Kaufhaus des Wendlands

Fast alles, was Künstler, Kunsthandwerker und Ökolandwirte im Wendland produzieren, ist als Auswahl auch im „KDW" im Zentrum von Dannenberg zu finden. Bereitwillig gibt man hier Auskunft über die Hersteller, nennt ihre Adressen und vermittelt Kontakte. Am besten schauen Sie vor einer Wendland-Rundfahrt beim KDW vorbei, um unterwegs nichts für Sie Interessantes zu versäumen.

Am Markt 8,
29451 Dannenberg,
Tel. 05861 989066, www.kaufhausdeswendlands.de

10 Outlet Center

Manche planen einen halben Tag für den Besuch eines der beiden Einkaufszentren nahe der Autobahn ein, die weltbekannte Marken bis zu 70 Prozent unter dem empfohlenen Verkaufspreis feilbieten. In Wolfsburg stehen über 70, in Soltau sogar 100 Labels zur Wahl: Uhren und Schmuck ebenso wie Textilien, Schuhe und Accessoires für ein schönes Zuhause.

Rahrsberg 7, 29614 Soltau,
Tel. 05191 60280,
www.designeroutletsoltau.com

An der Vorburg 1,
893500 Wolfsburg,
Tel. 05361 893500,
www.designeroutlets-wolfsburg.de

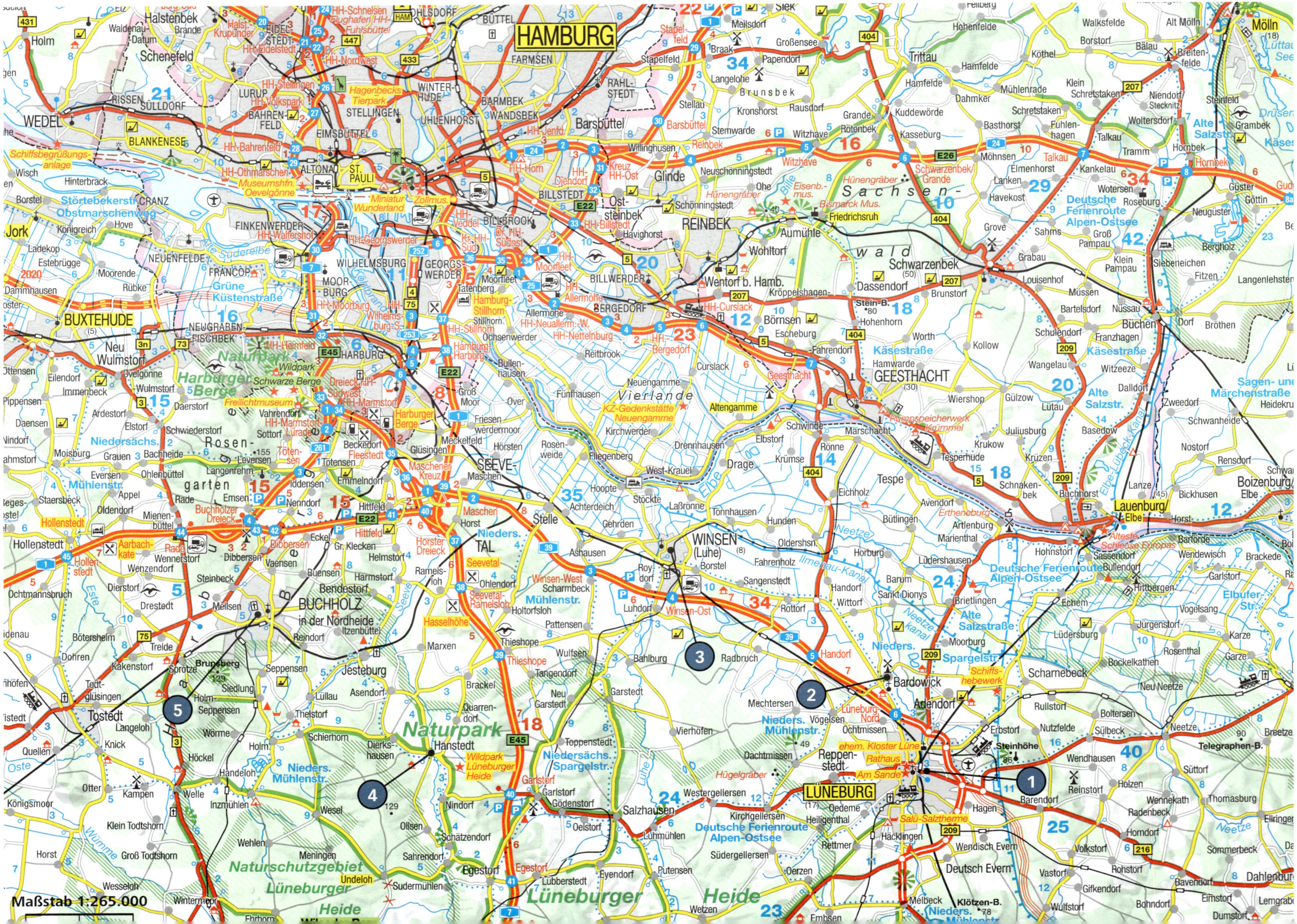

HAMBURG
LÜNEBURG
BUXTEHUDE
GEESTHACHT
WINSEN (Luhe)
BUCHHOLZ in der Nordheide
Naturpark
Lüneburger Heide
Maßstab 1:265.000

Am Nordrand der Heide

Die Nordheide um Buchholz und Hanstedt empfiehlt sich als Ferienregion für alle, die ländliche Natur und städtische Kulturvielfalt gleichermaßen genießen möchten. Denn Lüneburg hält ein ausgefeiltes Angebot für einen erlebnisreichen Besuch bereit.

1 Lüneburg

Lüneburg (74 000 Einw.) ist immer eine Reise wert. Norddeutsche Backsteinarchitektur prägt die Altstadt, deren Kirchen und Rathaus wie das Kloster Lüne kunsthistorische Höhepunkte jeder Heidetour sind. Der Wohlstand von einst war auf Salz gebaut, das man ab 956 als nahezu gesättigte Sole aus der Erde pumpte. Die Herzöge von Braunschweig-Lüneburg residierten hier nur kurz (1267–1378), hanseatischer Kaufmannsgeist gestaltete das Gesicht der Stadt. Heute sorgen Hamburg-Pendler und die 1980 gegründete Universität für junges Leben. Die Stadt ist weiterhin traditionsreicher Bundeswehrstandort, die Sole wird nur noch zu Kurzwecken genutzt. Ein Hafen für Massengüter liegt am Elbe-Seitenkanal.

Lüneburg: junges Leben vor alter Backsteingotik; Shopping in Sichtweite des Rathauses

SEHENSWERT

Am Sande, schönster Platz der Stadt, im Mittelalter Zentrum des Lüneburger Fernhandels, ist auf drei Seiten von hohen Backsteinhäusern mit vielfältigen Giebelformen begrenzt; besonders stattlich der Schütting (1548) auf der Westseite. Im Osten senkt sich der Platz zur Kaufmannskirche **St. Johannis** mit 108 m hohem Turm; die 5-schiffige Hallenkirche, älteste der Stadt, entstand im 14. und 15. Jh. (April–Okt. Mo.–Mi. 10.00–17.00, Do., Sa. bis 18.00, Fr. bis 20.00, So. 11.00–16.00 Uhr, sonst unregelmäßig). An den Betrieb im alten **Lüneburger Hafen** erinnert der 1797 errichtete **Alte Kran** am Ufer der Ilmenau. Im gegenüberliegenden **Wasserviertel** mit vielen Kneipen zeugen Straßennamen wie Stintmarkt oder Fischmarkt von einstigem Gewerbe. Kirche der Fischer, Schiffer und Hafenarbeiter war die 5-schiffige Basilika **St. Nicolai** (15. Jh., im 19. Jh. grundlegend verändert) mit Sternengewölbe und Wandelaltar, der eine gemalte Stadtansicht aus der Zeit um 1430 zeigt (Lüner Straße; Sa .10.00–17.00, So. Gottesdienstende bis 15.00, Mo.–Fr. Jan.–März 10.00–16.00, sonst bis 18.00 Uhr). Profanes Prunkstück der Stadt ist das **Rathaus** **TOPZIEL** am Markt mit seiner Barockfassade von 1720 (Urspr. 13. Jh.; Tel. 04131 30 92 30; Führungen April–Dez. Di.–Sa. 10.00, 12.00, 15.00, So. 11.00, 14.00, sonst Di.–So. 11.00, 14.00 Uhr); das Glockenspiel aus Meißner Porzellan im Rathausturm erklingt – außer bei Frost – tgl. 8.00, 12.00 und 18.00 Uhr. Dritte Hauptkirche ist die gotische Hallenkirche **St. Michaelis** (14., 15., 18. Jh.), die einst zu einem Benediktinerkloster gehörte (Johann-Sebastian-Bach-Platz; April–Okt. Mo. bis Sa. 10.00–17.00, So. 14.00–18.00, sonst Mo.–Sa. 10.00–16.00, So. 14.00–16.00, Jan. nur So. 12.00 bis 16.00 Uhr).

Etwa 1 km nördl. der Altstadt steht das romantische Gebäudeensemble **Kloster Lüne** (1372; heute ev. Damenstift) mit Brunnenhof, Kreuzgängen und einem Museum für mittelalterliche Teppiche und Weißstickereien (Am Domänenhof, Tel. 04131 5 23 18, www.kloster-luene.de; Führungen April–Mitte Okt. Di.–Sa. 10.30, So. 11.30 sowie Di.–So. 14.30, 15.30 Uhr; Museum Di.–Sa. 10.30–12.30, 14.30–17.00, So. 11.30 bis 13.00, 14.30–17.00 Uhr).

Lüneburgs **Universität** gönnt sich ein architektonisches Highlight. Am Campus im Süden der Stadt entsteht in Kurparknähe ein neues, mindestens 77 Mio. Euro teures Zentralgebäude mit Glas-Zink-Fassade, das der international renommierte und auch in Lüneburg lehrende, 1946 in Polen geborene US-amerikanische Architekt Daniel Libeskind entworfen hat. Mit der Fertigstellung des rund 37 m hohen, futuristisch anmutenden Baus wird für 2017 gerechnet (Scharnhorststr. 1).

MUSEEN

Bundesweit einzigartig ist das **Deutsche Salzmuseum** **TOPZIEL** (Sülfmeisterst. 1, Tel. 04131 7 20 65 13, www.salzmuseum.de; April–Sept. Mo.–Fr. 9.00–17.00, Sa./So. ab 10.00, sonst tgl. 10.00–17.00 Uhr) in der erst 1980 stillgelegten Salzfabrik; nach Voranm. können Besucher selbst Salz sieden. Weniger spektakulär ist das nahe **Brauereimuseum** (Heiligengeiststr. 39, Tel. 04131 4 48 04, www. brauereimuseum-luene burg.de; Di.–So. 13.00–16.30 Uhr) im alten Sudhaus der Kronen-Brauerei. Außer Objekten zur Geschichte Ostpreußens und der Deutschbalten besitzt das **Ostpreußische Landesmuseum** (Ritterstr. 10, Tel. 04131 75 99 50, www.ostpreus sisches-landesmuseum.de; Di.–So. 10.00–18.00 Uhr) Gemälde und Grafiken, u. a. von Käthe Kollwitz, sowie eine große Bernsteinsammlung. Das **Museum Lüneburg** (Willy-Brandt-Str. 1, Tel. 04131 7 20 65 12, www.museum-luene burg.de, Di.–Fr. 11.00–18.00, Do. bis 20.00, Sa./So. 10.00–18.00 Uhr) informiert über Kultur und Natur in der Stadt und in der Heide.

AKTIVITÄTEN

Bis zu 4 % Salzgehalt – und damit mehr als das Nordseewasser – bieten die Solebecken in der

Salztherme Lüneburg SaLü (Uelzener Str. 1, Tel. 04131 72 30, www.salue.info; Mo.–Sa. 10.00 bis 23.00, So. 8.00–21.00 Uhr). Ein 9- und ein 18-Loch-**Golfplatz** findet sich 4 km nördl. auf dem Gelände des Hotels „Castanea Resort" (Scharnebecker Weg 25, 21365 Adendorf, Tel. 04131 2 23 30, www.castanea-resort.de).

EINKAUFEN
Der klassische Treppengiebel alter Lüneburger Häuser dient Joachim Fahrenkrug als Vorlage für **Schmuck** aus Silber und Gold (Auf der Altstadt 44, www.hansegiebel.de).

VERANSTALTUNGEN
Das **Theater Lüneburg** hat als Dreispartenhaus ein festes Ensemble (An den Reeperbahnen 3, Tel. 04131 75 20, www.theater-lueneburg.de). Die **Sülfmeistertage** (1. Okt.-Wochenende) gipfeln in einem großen, bunten Umzug.

UMGEBUNG
Markantes Wahrzeichen des Heidedorfs **Salzhausen** (18 km westl.) ist der massive Rundturm der Kirche St. Johannis (13. Jh.) mit bis zu 2 m dicken Feldsteinmauern (Ostern–Sept. Di. bis So. 10.00–12.00, 15.00–17.00 Uhr). International bekannt ist das Military-Turnier in **Luhmühlen** bei Salzhausen (Mitte Juni; www.luhmuehlen.de). Als herausragende technische Leistung gilt das 1976 fertiggestellte Schiffshebewerk in **Scharnebeck** (10 km nordöstl.); ein Infozentrum ist dem Elbe-Seitenkanal gewidmet (Mitte März–Okt. tgl. 10.00–18.00 Uhr).

Tipp

Schiff im Fahrstuhl

Die „Uhu II" ist eine 93 Jahre alte Hamburger Hafenbarkasse. Den Sommer über tuckert sie mehrmals täglich vom Kai am Scharnebecker Unterhafen zur Schleuse, lässt sich in einem der beiden Tröge zusammen mit Binnenschiffen und Sportbooten in die Höhe hieven, wendet auf dem Elbe-Seitenkanal und fährt mit dem nächsten Trog zum Unterwasser und in den Hafen zurück. Nach 45 Min. ist die erhebende Reise beendet.

Reederei Helle, Elbstr. 117, 21481 Lauenburg, Tel. 04153 59 28 48, www.reederei-helle.de

„Dom" St. Peter und Paul in Bardowick; Wasserschloss in Winsen und Märchengruppe „Die goldene Gans" auf dem Schlossplatz

INFORMATION
Tourist-Information, Rathaus, Am Markt 1, 21335 Lüneburg, Tel. 0800 220 50 05, www.lueneburg.info

2 Bardowick

Der Verwaltungssitz der gleichnamigen Samtgemeinde (6800 Einw.) wird auch als „Gemüsegarten Hamburgs" bezeichnet (Möhren, Spargel). Vom 9. bis 12. Jh. war die Siedlung an zwei Furten durch die Ilmenau ein bedeutendes Fernhandelszentrum, das 972 von Kaiser Otto I. die Stadtrechte erhielt. Mit der Gründung Lübecks Mitte des 12. Jh. begann der Niedergang. Von Bardowicks Zerstörung 1189 durch Heinrich den Löwen profitierte Lüneburg erheblich.

SEHENSWERT
Als einziger Dom der Heide wird **St. Peter und Paul** (www.kirche-bardowick.de; April–Sept. tgl. 9.00–17.00, sonst bis 16.00 Uhr) gern bezeichnet; das spätromanische Westportal stammt wie der Unterbau der Türme aus dem 13. Jh. (Chorgestühl und Altarschrein 15. Jh., Bronzetaufe 1367). Der **Nikolaihof** mit kleiner Kirche (1435; Schwarzer Weg) war im Mittelalter Aussätzigenheim. Nach Voranm. kann **Meyers Windmühle** (1813; Mühlenstr. 36, Tel. 04131 1 22 06, www.meyers-windmuehle.de) besichtigt werden, eine der letzten kommerziell betriebenen deutschen Windmühlen, Ausgangspunkt der Niedersächsischen Mühlenstraße (www.niedersaechsische-muehlenstrasse.de) mit 115 Wind- und Wassermühlen in der Region.

AKTIVITÄTEN
8 km nördl. liegen mit Reiher- und Barumer See bei Brietlingen zwei saubere **Naturbadeseen.** Zu den besten **Golfplätzen** des Nordens zählt 6 km nördl. der Platz des Golfclubs St. Dionys (Tel. 04133 21 33 11, www.golfclub-st-dionys.de).

UMGEBUNG
Idyllisch ist **Artlenburg** (13 km nördl.) an einem historischen Elbübergang und einer ehem. Zollstätte der Alten Salzstraße gelegen.

INFORMATION
Tourist-Information, Schulstr. 12, 21357 Bardowick, Tel. 04131 12 01 27, www.bardowick.de

3 Winsen/Luhe

Die Kreisstadt (33 500 Einw.) ist stolz darauf, Heimat des Goethe-Vertrauten Eckermann zu sein. 1293 als Stadt erwähnt, ist Winsen heute Verwaltungssitz des Landkreises Harburg, der, anders als die Stadt Harburg, nicht zum Land Hamburg, sondern zu Niedersachsen gehört.

SEHENSWERT
Das **Wasserschloss** (Schlossplatz 4, heute Amtsgericht) war Witwensitz der Herzogin Dorothea von Braunschweig-Lüneburg, die 1593 den Burgbau des 13. Jh. nahezu neu errichten ließ. Hauptkirche ist die gotische Hallenkirche **St. Marien** (1400; Rathausstr. 3). Die **Luhegärten** entstanden 2006 zur Landesgartenschau.

MUSEUM
Außer der Beziehung zwischen Goethe und Johann Peter Eckermann (1792–1854) dokumentiert das **Heimatmuseum** im Marstall (Schlossplatz11, Tel. 04171 34 19, www.hum-winsen.de; Di.–So. 10.00–18.00 Uhr) historisches Handwerk wie das des Blaufärbers.

VERANSTALTUNG
Der **Stöckter Faslamsumzug,** von Stöckte in die Winsener Innenstadt, ist einer der größten Karnevalsumzüge Norddeutschlands (Karnevalssonntag; www.faslamsbrueder-stoeckte.de).

Als herausragende technische Leistung gilt das Schiffshebewerk in Scharnebeck.

INFORMATION
Tourist-Information Winsener Elbmarsch, Schlossplatz 11, 21423 Winsen/Luhe, Tel. 04171 66 80 75, www.winsen.de, www.samtgemeinde-elbmarsch.de

4 Hanstedt

Der Ort profitiert von seiner Lage am Naturpark Lüneburger Heide und der Nähe zur Autobahn nach Hamburg. Heute ist Hanstedt (5275 Einw.) Erholungsort und Samtgemeindezentrum.

SEHENSWERT
Der Altar (1654) der 1881/1882 erbauten Backsteinkirche **St. Jacobi** (April–Okt. tgl. 10.00 bis 18.00 Uhr) zeigt Abendmahl und Kreuzigung als Relief. Am gotischen Flügelaltar (um 1470) der 1000-jährigen Feldsteinkirche **St. Georg** (Dorfplatz; April–Okt. Di.–So. 10.00–18.00 Uhr) flankieren Heilige die Holzfiguren Christi und Mariens.

UMGEBUNG
Die **Kunststätte Bossard** TOPZIEL bei Jesteburg-Lüllau (9 km nordw., Tel. 04183 51 12, www.bossard.de; März–Okt. Di.–So. 10.00 bis 18.00, sonst Sa./So. 10.00–16.00 Uhr) will mit der Gartenanlage als Gesamtkunstwerk gewürdigt werden.

INFORMATION
Verkehrsverein, Küsterhaus, Am Steinberg 2, 21271 Hanstedt, Tel. 04184 5 25, www.hanstedt-nordheide.de

5 Buchholz

Der Ausbau zum Eisenbahnknotenpunkt verwandelte das kleine Dorf in der Nordheide im frühen 20. Jh. in die größte Gemeinde (38 200 Einw.) des Landkreises Harburg. Diverse Funde erinnern an nacheiszeitliche Siedlungsplätze.

SEHENSWERT
Im **Alaris-Schmetterlingspark** (Holm-Seppensen, Zum Mühlenteich 2, Tel. 04181 3 64 81, www.alaris-schmetterlingspark.de; April–Okt. tgl. 9.30–17.30 Uhr) flattern, übers Jahr verteilt, rund 140 Arten umher.

UMGEBUNG
An Hamburgs Grenze widmet sich das **Freilichtmuseum am Kiekeberg** (Rosengarten-Ehestorf, Am Kiekeberg 1, Tel. 040 790 17 60, www.kiekeberg-museum.de; Di.–Fr. 9.00–17.00, Sa./So. 10.00–18.00, Nov.–März jeweils bis 16.00 Uhr) auf 12 ha dem Leben und Arbeiten in der Heide ab etwa 1600 bis in die 1950er-Jahre. Über 40 historische Gebäude wurden hier wieder aufgebaut und traditionell eingerichtet; in den Ställen stehen alte Nutztierrassen. Das ganze Jahr über gibt es zahlreiche Aktivitäten.

INFORMATION
Tourist-Information, Kirchenstr. 6, 21244 Buchholz/Nordheide, Tel. 04181 28 28 10, www.regionalpark-rosengarten.de

Genießen Erleben Erfahren

DuMont Aktiv

Lüneburg geführt erleben

Lüneburgs Gästeführer stecken voller guter Ideen. Sie wollen nicht nur informieren, sondern auch unterhalten. Wer mit ihnen unterwegs ist, kann die Stadt am Tag und am Abend mit allen Sinnen erleben. Sogar ein Shopping-Scout bietet seine Dienste an.

Etwa zwanzig verschiedene Führungen hat Lüneburg anzubieten. Klassische Stadt- oder Rathausführungen sind natürlich dabei, aber auch Traumwelten können besichtigt werden, etwa die Außendrehorte der ARD-Telenovela „Rote Rosen". Wer lieber selbst produktiv wird, durchstreift die Stadt drei Stunden lang mit Gudrun Jakuleit und malt oder skizziert, was er sieht. Bei schlechtem Wetter geht es ins Atelier über den Dächern der Altstadt.

Gern schlüpfen die Stadtführer beiderlei Geschlechts in historische Kostüme und versetzen ihr Publikum ins Alltagsleben vergangener Zeiten zurück. Bei der Rathausführung „Salz, Gold, Kunst & Konfekt" erzählt eine mittelalterliche Bürgermeistergattin Geschichten und Anekdoten rund um die Ratsherrn und reicht zwischendurch auch mittelalterliches Konfekt. Hebamme Rieke fabuliert ganz in Weiß von Seuchen, Quacksalbern, Huren und fehlender mittelalterlicher Hygiene, beim abendlichen Rundgang mit Nachtwächter Claas trifft der Zeitreisende die Fischersfrau Trine. Die ist Welten entfernt von Shopping-Scout Constanze Günther, die Einkaufsbummler zielsicher in die für sie richtigen Geschäfte geleitet.

Weitere Informationen

Standard-Stadtführung: max. 30 Gäste, 90 Min. Dauer; Mai–Okt. und in der Adventszeit tgl. 11.00, Sa. auch 11.30, 14.00, sonst Mi. und Sa. 11.00 Uhr.
Alle anderen Führungen: mehrmals im Jahr zu wechselnden Terminen.

Ausgangspunkt: Tourist-Information im Rathaus, Am Markt 1.
Voranmeldung ist erwünscht. Bezahlt wird in der Tourist-Information oder direkt beim Stadtführer.

Typische Heide-Idylle

Rund um den Wilseder Berg erfüllt die Heidelandschaft alle Klischees. Wacholder und Besenheide überziehen Täler und Hänge. Heideköniginnen, Pferdekutschen, alte Kirchen und ein autofreier Weiler sorgen für Idylle. Am Rand des Naturschutzgebiets hat die Heideregion den Sprung ins 21. Jahrhundert gewagt. Hier bescheren ideenreiche Alt- und Neuheidjer Natur- und Kulturerlebnisse unerwarteter Art.

Die Pferdekutsche ist in der Heide genau das richtige Verkehrsmittel.

Die Lüneburger Heide ist ein Wanderparadies, nicht nur im Steingrund bei Wilsede (links) oder in der Osterheide bei Schneverdingen (rechts). Vom Wilseder Berg schweift der Blick weit übers Land (unten).

Einem ideenreichen Mann voller Tatkraft ist die Grundlage allen Heidetourismus zu verdanken: dem Egestorfer Pastor Wilhelm Bode. Der gebürtige Lüneburger beobachtete vor hundert Jahren mit Entsetzen, dass immer mehr Heidegrundstücke von naturhungrigen Großstädtern gekauft und mit Sommerhäusern bebaut oder für die Landwirtschaft urbar gemacht wurden. Fortan predigte er neben Gottes Wort den Erhalt der Heidelandschaft.

Die Heide ist Menschenwerk

Naturmuseum und Naturinformationshäuser in der Heide werden nicht müde zu betonen, dass sie eine Kultur- und keine Naturlandschaft ist. Der Mensch hat sie geschaffen, nur mit seiner Hilfe kann sie zumindest in Deutschland fortbestehen. Schon seit der Bronzezeit leben die Bauern auf den nährstoffarmen, für Ackerbau kaum geeigneten Böden zwischen Weser, Elbe und Aller überwiegend von Viehzucht. Sie trieben ihre Herden in die Wälder, wo sie Eicheln, Bucheckern und jeden Sprössling fra-

Heidepastor Bode legte den Grundstock für den Naturschutzpark.

ßen. Zudem forcierten die Lüneburger Salinen ab dem frühen Mittelalter den Holzeinschlag. Auf den kargen Böden konnten die Wälder nicht schnell genug nachwachsen. Strauchheide aus viel Besen- und etwas Glockenheide, Ginster und Wacholder breitete sich immer mehr aus, die Heidschnucke war das ideale Tier zu ihrer Beweidung. Mit der Erfindung des Kunstdüngers um 1840 schrumpften die Heideflächen – und die Schnuckenweiden – rapide, da nun der lukrativere Ackerbau profitabel betrieben werden konnte.

Die Entwicklung geht weiter

1906 gelang es Heidepastor Bode, mithilfe einer 6000-Goldmark-Spende den

Der Festumzug beim Schneverdinger Heideblüten-
fest lässt alte Zeiten aufleben.

Heidschnucken gehören zu den wichtigsten
Landschaftspflegern der Heide.

Auch die Heidekönigin wird beim Heideblütenfest
in Schneverdingen gekrönt.

Kutschfahrten sind in der Heide nicht nur den Königinnen vorbehalten.

Totengrund zu erwerben, eines der schönsten Heidetäler überhaupt. 1910 beauftragte ihn der in München gegründete „Verein Naturschutzpark", der sich um die Schaffung von Naturschutzarealen in Deutschland und den Alpen bemühte, einen Hof im Weiler Wilsede zu kaufen, zu dem auch der Wilseder Berg gehörte. Damit war der Grundstock für das heutige Naturschutzgebiet gelegt, dessen Grenzen 1921 per Gesetz gesichert wurden. Heute ist es 234 Quadratkilometer groß, und zu seiner Pflege sind sieben Schnuckenherden rund um den Wilseder Berg im Dauereinsatz. Sie halten die Heide baum- und strauchfrei, verschonen nur Wacholder und Ginster. Zudem lieben sie die jungen Triebe der Besenheide und regen diese so zu immer stärkerem Wachstum an.

2007 wurde der ehemalige Naturschutzpark, identisch mit dem heutigen Naturschutzgebiet, in den neu geschaffenen, nun insgesamt 1070 Quadratkilometer großen „Naturpark Lüneburger Heide" integriert. Der Vorteil: Für Naturparks sind leichter Fördermittel vom Staat und der Europäischen Union zu erhalten als für reine Naturschutzgebiete. Zudem wird die Zusammenarbeit der Kommunen und Landkreise gestärkt, was der Schaffung und einheitlichen Ausschilderung von Wander-, Reit- und Nordic-Walking-Wegen sowie den Sehenswürdigkeiten zugutekommt.

Zum Beispiel das Pietzmoor

Zu den typischen Landschaftsformen der Heide gehört das Moor. Das Pietzmoor bei Schneverdingen ist mit zweieinhalb Quadratkilometer Fläche größtes Hochmoor der Region. Hochmoor entsteht in von der Eiszeit geschaffenen Mulden über wasserundurchlässigem, tonigem Grund. Es besteht aus abgestorbener, von Pilzen und Bakterien aber erst teilweise abgebauter pflanzlicher Substanz und wird nur von nährstoffarmem Regenwasser gespeist, im Gegensatz zu „bodenwassergenährten" Niedermooren. Die Torfschicht im Pietzmoor ist bis zu 7,5 Meter mächtig. Da das Moor jährlich nur um einen Millimeter wächst, dürfte sein Alter bei etwa 7500 Jahren liegen. Ab dem 16. Jahrhundert wurde im Pietzmoor Torf als Brennmaterial abgebaut, seit Mitte des 19. Jahrhunderts legte man es außerdem durch Entwässerungsgräben trocken. Bis 1960 wanderte so fast ein Viertel des Moores in die Öfen. Auf trockeneren Flächen siedelten sich Kiefern und Birken an, das Moor verlandete. Dann nahm sich der Verein Naturschutzpark des Pietzmoors an. Gräben wurden verfüllt, die Entwässerung unterbunden, sodass die Torfschicht wieder wachsen kann. Die Renaturierung hat viele Pflanzen und Tiere zurückgelockt. Im Frühjahr sieht man den zur Paarungszeit blau gefärbten Moorfrosch, im Mai und Juni blüht das Wollgras weiß. Kreuzottern sonnen sich, der Sonnentau fängt mit seinen klebrigen Blättern Insekten. Krick- und Stockente, Schwarzkehlchen und Waldwasserläufer sind hier zu Hause, im Winter sogar Kraniche zu sehen.

Zur Pflege der Heide sind die Schnucken im Dauereinsatz.

Rund um den Wilseder Berg

Das schönste Wandergebiet weit und breit führt wie eine etwas schräge Acht um den autofreien Weiler Wilsede herum. Höhepunkt ist der Wilseder Berg, mit 169 Metern über dem Meeresspiegel. Der Findling auf seiner Kuppe nimmt es noch genauer, gibt 169,2 Meter an. Ein

Alte Bauernhäuser wie hier in Hörpel
sind schmucke Feriendomizile.

St. Stephanus in Egestorf ist ein Veranstaltungsort
der Konzertreihe „Musik in alten Heidekirchen".

Schnuckenprodukte und vieles mehr aus der Region gibt es in Wilsedes Museumsladen.

Auch urige handgefertigte Wanderstöcke entstehen in Wilsede.

„Die Heide kam in Mode. Es regnete Menschen, es hagelte Volk … Gesangsvereine erfüllten die Luft mit Getöse."

Hermann Löns

zweiter Findling erinnert an den Mathematiker Carl Friedrich Gauss, der 1822 hier oben die erste trigonometrische Vermessung des Königreichs Hannover begann. Die bewegte Landschaft lässt die Kraft von Eis und Wasser während der Eiszeiten erkennen, Bienenzäune, Schäferhütten und Sitzbänke sind die einzigen Bauten von Menschenhand. Im Totengrund umschließen besonders steile Hänge das von Heide und Wacholder erfüllte Trockental. Vielleicht noch schöner ist der nahe Steingrund, in dem die Gletscher besonders viele Findlinge ablagerten. Hier versteht man die Heideliebe eines Hermann Löns am besten, wenn man zur Blütezeit ganz früh am Morgen aufbricht, bevor die Besucherscharen aus Hamburg und der ganzen Nation zu Fuß und per Kutsche einfallen. So ruhig wie kurz nach Sonnenaufgang ist es sonst bestenfalls in den alten Heidekirchen von Undeloh und Egestorf zur Winterszeit.

Königinnen allerorten

Zur Heideromantik gehören auch die Heideköniginnen. Jedes Jahr werden gleich fünf davon gewählt: in Amelinghausen, Buchholz-Holm-Seppensen, Meißendorf, Schneverdingen und Undeloh. Sie zeigen Gemeinschaftsgeist, sind wie die 76 anderen deutschen „Königinnen" in der Arbeitsgemeinschaft Deutscher Königinnen organisiert, die ihren eigenen Internetauftritt hat (www.deutsche-koeniginnen.de). Dort sind aus der Region auch die Heidelbeerkönigin von Walsrode, die Kartoffelkönigin von Rotenburg an der Wümme, die Erntekönigin von Bispingen-Steinbeck und die Weinköniginnen von Munster und Hitzacker vertreten.

Königinnen braucht man für den Tourismus. Zur Krönung beim Heideblütenfest in Schneverdingen mit anschließendem Festumzug kommen jährlich etwa 60 000 Besucher. Fototermine werden gekonnt in Szene gesetzt, vor allem aber repräsentieren die gekrönten jungen Damen ihre Heimatorte, ihre Landkreise und die ganze Heideregion auf Großveranstaltungen wie dem Tag der Deutschen Einheit, der Grünen Woche oder der Internationalen Tourismus-Börse in Berlin. Heideköniginnen kommen auf bis zu sechzig öffentliche Auftritte pro Jahr. Dafür braucht man Zeit und Kondition, muss redegewandt sein und viel Charme ausstrahlen.

Victoria Glaser, Amelinghausens Heidekönigin 2015/16, war bei ihrer Wahl 22 Jahre alt und hatte gerade ihre Ausbildung zur Fotografin abgeschlossen. Ihre Schneverdinger Kollegin Ragna Saß war dreiundzwanzig und als frischgebackene

Himmelhoch hinaus geht es in Bispingens Klettergarten,
allerdings nur für Schwindelfreie.

Frigga Steinmann-Laage präsentiert in Bispingens Greifvogelgehege einen ihrer Schützlinge.

Tourismuskauffrau die ideale Repräsentantin ihrer Heimatstadt. Mit der traditionell-romantischen Rolle der Heidekönigin, die in Schneverdingen seit 1922 alljährlich gewählt wird, hatte die charmante junge Frau kein Problem: „Als Heidekönigin muss man selbstbewusst sein, wie in meinem Beruf. Gleichzeitig werden die Traditionen durch moderne junge Frauen ein wenig aufgefrischt."

Bispinger Erfolgsgeschichte

Die Heide allein ist längst kein Garant mehr für hohe Besucherzahlen. Neue Attraktionen müssen her. Bispingen ist bei deren Ansiedlung besonders erfolgreich, allerdings mussten die Bispinger anfangs fast zu ihrem Glück gezwungen werden. Gegen den Widerstand fast der Hälfte der Bevölkerung, die Überfremdung und Verkehrsstaus befürchtete, etablierte sich hier Mitte der 1990er-Jahre ein Ferienpark – heute größter Arbeitgeber im Gemeindegebiet. Nächster Investor auf touristischem Gebiet war Ex-Formel-1-Rennfahrer Ralf Schumacher mit einer Kart-Bahn. Gegenüber wurde 2007 der Snow-Dome eröffnet, ein überdachtes Wintersportparadies für 365 Tage im Jahr. Bürgermeister Detlev Loos hatte Wind davon bekommen, als sich die Söldener Bergbahnen in Norddeutschland nach einem geeigneten Standort für eine Skihalle umsahen. 2009 miss-

Unternehmungen für jeden Geschmack:
Reiterhof Cohrs in Volkwardingen ...

... Vulkanausbruch auf Knopfdruck an
Uwe Schulz-Ebschbachs Montagnetto ...

... und Replik des königlich-preußischen Esszimmers von Sanssouci
in seinem kuriosen Anwesen Iserhatsche.

Ganzjährige Tropenatmosphäre im Ferienpark Bispinger Heide ...

... oder Skispaß im Snow Dome, ebenfalls das ganze Jahr über

lang allerdings ein weiterer Coup: Die Landesregierung entschied, ein riesiges Outlet-Center für hochwertige Marken bei Soltau statt hier entstehen zu lassen. Bispingen blüht trotzdem nicht mehr nur zur Heideblütenzeit – es ist Ganzjahresziel geworden.

Heide-Ranger

Die Heide ist ein idealer Lebensraum für Menschen mit Ideen, so unterschiedlich sie auch sein mögen. Jan Brockmann, diplomierter Biologe, hat erkannt, dass immer mehr Menschen die Heide nicht nur durchwandern, sondern die Natur auch bewusster erleben und viel über sie wissen wollen. So hat er 2005 in Steinbeck bei Bispingen das Einmann-Unternehmen „Heide-Ranger" gegründet. Zuvor war er im Auftrag der Naturschutzorganisation World Wildlife Fund maßgeblich an der Etablierung des Berufsbildes Ranger beteiligt, arbeitete mehrere Jahre lang als oberster von 130 Rangern im Nationalpark und in den Naturparks und Biosphärenreservaten des Landes Brandenburg. Jetzt führt er in Rangeruniform kleine und große Gruppen im Auftrag von Naturschutzakademien durch sein Revier, zu dem auch Heidebäche und Moore gehören. Er betreut offizielle Gäste ausländischer Nationalparks, aber auch Schulklassen, Bustouristen und Einzelgäste. Man kann bei ihm an Nachtwanderungen mit Fledermausdetektor teilnehmen, sich die Sonnenplätze der Kreuzottern zeigen lassen oder mit ihm ein Stück auf dem Jakobsweg pilgern. Die Lüneburger Heide ist eben ein erstaunlich vielgestaltiges Revier.

Beim „Baron" zu Besuch

Uwe Schulz-Ebschbach, Jahrgang 1941, war schon als Ostberliner Kind in Burgen, Schlösser und herrschaftliche Häuser vernarrt. Bis heute hat er den Duft des Klebers in der Nase, mit dem er sechsjährig aus einem Bastelbogen seine erste Burg zusammenbaute. Bei Bispingen konnte der in Berlin erfolgreiche Malermeister und glühende Verehrer preußischer Kultur selbst zum Burgherrn avancieren.

> Bei der Ansiedlung neuer Touristenattraktionen ist Bispingen besonders erfolgreich.

Bereits 1985 kaufte er die Jagdvilla, die sich der rheinische Stahlindustrielle und Kommerzienrat Ernst Nölle 1913 hatte bauen lassen. Er verwandelte den zuletzt als Schullandheim genutzten Bau in ein Märchenschloss, in dem jeder Blick überrascht. Hier hat er das Diana-Zimmer aus Schloss Sanssouci nachgebaut und mit kostbaren Biedermeiertapeten ausgekleidet. Vom königlich-preußischen Esszimmer aus kann er über eine Tastatur am Kopfende der Tafel das Spiel der Glocken im eisernen Glockenbaum auf der Terrasse bedienen – und sprüht vor Ideen, die er sofort und mit eigenen Händen in die Tat umsetzen will.

Im Landschaftspark hat er das Heidekastell Montagnetto errichtet, wo auf Knopfdruck ein Vulkanausbruch simuliert werden kann. Vor dem Kastell steht eine zwanzig Meter lange Arche Noah. Und als jüngsten Coup zeigt der „Baron" die weltgrößte Sammlung gefüllter Bierflaschen und die größte deutsche Sammlung von Streichholzschachteln. Eigentlich wollte sich der Berliner Tatmensch mit dem Iserhatsche genannten Anwesen nur einen Alterssitz schaffen – doch inzwischen ist sein „Elysium" zur Touristenattraktion geworden. Sogar der Hohenzoller Christian Sigismund, Prinz von Preußen, war schon da. Ihm zu Ehren ließ der „Baron" seine preußischen Gardesoldaten salutieren, die er aus besonderem Anlass zu den (ungeladenen) Waffen ruft.

SCHÄFEREI

Jeden Tag im Dienst

Matthias Schüler ist Schäfer aus Leidenschaft. Von der Schule ging es bei ihm ohne Umwege in den Traumberuf – erst im Ostharz, nun in der Heide. Selbst eine tausendköpfige Herde besteht für den gelernten Schäfer aus lauter Individuen, die er nach Aussehen und Eigenart unterscheiden kann.

Wir treffen uns an einem eiskalten Wintermorgen auf dem Schäferhof Neuenkirchen in idyllischer Weltabgeschiedenheit. Matthias Schüler kommt mir in Jeans, Stiefeln und karierter Winterjacke entgegen. Er muss eben noch den Stall öffnen, in dem die einjährigen Tiere die Nacht verbracht haben. Sie preschen in einen zweiten Stall hinüber, wo frisches Kraftfutter auf sie wartet. Dann gehen wir hinein ins Schäferhaus.

Aus wie vielen Tieren besteht die Schnuckenherde von Neuenkirchen? Den Kern der Herde bilden etwa 400 Mutterschafe. Dazu kommen einige Böcke, Anfang des Jahres auch noch all die einjährigen Tiere und dann die neugeborenen Lämmer. Da kann die Herde im Frühjahr durchaus über 1200 Köpfe zählen.

Wie sieht das Leben einer Heidschnucke aus? Im Februar und März kommen nach fünfmonatiger Tragezeit die Lämmer mit schwarzem Fell zur Welt. Ein Tierarzt ist nicht dabei, der Schäfer ist Geburtshelfer. Die Neugeborenen werden für etwa drei Tage mit ihrer Mutter in eine Einzelbucht gesperrt, damit der Kontakt zwischen ihnen entsteht. Die Lämmer sind etwa 120 Tage lang auf Muttermilch angewiesen. Kein Kraftfutter kann sie ersetzen.

Und wie geht's dann weiter? Ab April gehen die Lämmer bereits mit raus – jeder Tag im Stall kostet ja Geld. Wenn sie sich ein halbes Jahr lang über den Schäfer geärgert haben, kriegen sie graue Haare. Nach etwa neun Monaten werden die ersten männlichen Jungtiere geschlachtet – bei uns meist jeden Montag sechs davon. Die besten jungen Böcke bringen wir zur Bockauktion. In der Natur können Heidschnucken bis zu zwölf Jahre alt werden, aber nach sechs Jahren lässt ihre Leistungsfähigkeit enorm nach. Die Zähne werden lang und fallen aus, vor allem beim harten Heidekraut. Da würden ältere Tiere am gedeckten Tisch verhungern.

Was bringt so eine Schnucke? Das Fleisch vermarkten wir zum Teil direkt hier auf dem Hof, so um die 200 Tiere. Wurst und Knipp (Grützwurst) lassen wir von einem Metzger herstellen, die Felle lassen wir gerben. Die Wolle ist eigentlich ein Abfallprodukt, da kostet die Entsorgung sogar über 130 Euro pro Tonne. Aber wir haben Glück: Uns nimmt sie ein Winzer ab, der sie auf seinem Weinberg ausbringt. Wolle verdirbt ja nicht, sie hält die Feuchtigkeit noch nach zehn Jahren in der Erde. Die Schnucke selbst bringt allerdings nicht genug, um eine Herde rentabel halten zu können. Wichtiger sind die Prämien, die der Halter vom Staat und der EU

Lauter Individuen: junger Schäferhund und Schnucken-Charakterkopf

Auch bei den Heidschnuckenfellen ist jedes Exemplar ein Unikat.

Was auf den ersten Blick als Idylle erscheint, ist harte, anstrengende Arbeit.

Umherziehen und fressen, das sind die Hauptaufgaben der Schnucken. So pflegen sie die Landschaft der Lüneburger Heide.

für die Landschafts- und Herdbuchpflege bekommt, also dafür, dass er die Heide und unsere grau gehörnte Heidschnucke vor dem Aussterben bewahrt.

Und was hat der Schäfer davon? Ich habe Glück, denn ich werde vom Verein Schäferhof Neuenkirchen nach Tarif bezahlt, bekomme sogar Sonn- und Feiertagszuschläge, Weihnachts- und Urlaubsgeld. Nur habe ich keine Zeit für Urlaub. Als Schäfer bist du fast 365 Tage im Jahr mit den Tieren draußen, bei Wind und Wetter. Und viel Büroarbeit hängt auch noch dran. Kein Wunder, dass unsere Zunft Nachwuchssorgen hat.

Ist Schäfer zu sein für Sie auch nach 36 Jahren noch ein Traumberuf? Auf jeden Fall. Ich wusste schon mit zehn, dass ich Schäfer werden will, und habe auch gleich nach der Schule mit der Berufsausbildung angefangen. Von 1972 bis 1990 war ich in einer LPG im Harz tätig. Da hatten wir 2000 Schafe. Nach der Wende waren sie alle weg. Aber ich wollte wieder eine Herde, deswegen bin ich jetzt hier. Was ich am meisten am Beruf schätze? Den Umgang mit den Schnucken und den Hunden – und meine Freiheit!

Welche Hunde bevorzugen Sie denn bei der Arbeit? Die Schnucken sollen durchaus die Graskanten an Feld- und Wegrändern abweiden, aber sie dürfen nicht an die Kartoffeln und Rüben gehen. Da müssen die Hunde sie raushalten. Trotzdem müssen sie den Heidschnucken genug Ruhe zum Fressen lassen, dürfen sie nicht ständig scheuchen. Ich nehme immer zwei Hunde mit. Dreizehn Jahre lang hatte ich Border Collies, aber denen fehlt die Härte. Sie können sich gegen die Schafe nicht energisch genug durchsetzen, sind eher für die Koppelhaltung geeignet. Für Wanderherden sind Altdeutsche Schäferhunde ideal. Die habe ich jetzt.

Haben Sie ein persönliches Verhältnis zu den Tieren, geben manchen sogar Namen? Nee, das geht nicht. Was einen Namen hat, kann man nicht schlachten. Aber ich kenne jedes Tier und habe auch meine Lieblinge. Jedes sieht anders aus. Auch beim Fressen haben sie ganz unterschiedliche Vorlieben. Es gibt keine zwei gleichen.

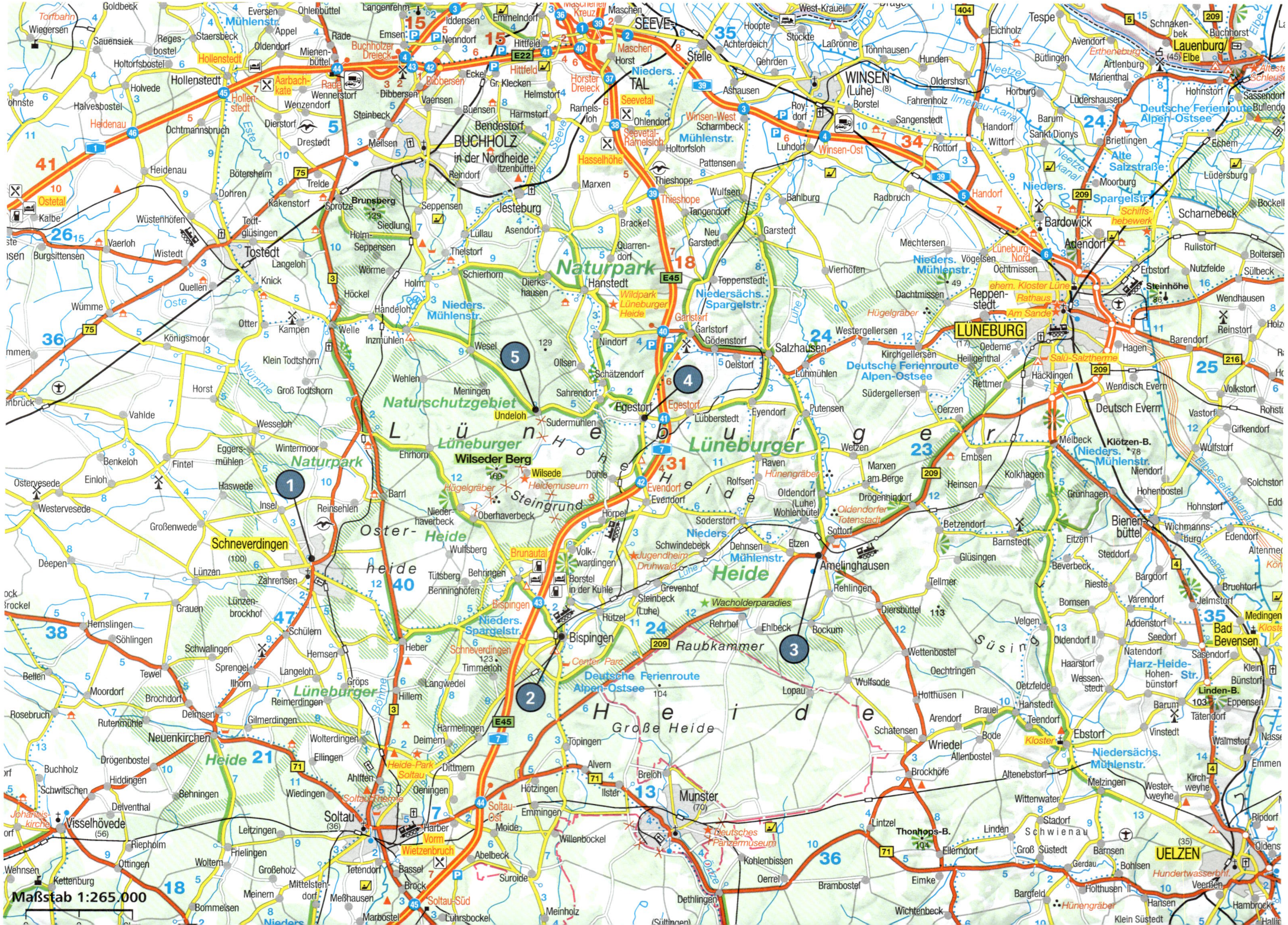

Lüneburger Heide
Naturpark Lüneburger Heide
Naturschutzgebiet Lüneburger Heide
Wilseder Berg
Lüneburg
Winsen (Luhe)
Buchholz in der Nordheide
Tostedt
Schneverdingen
Soltau
Bispingen
Amelinghausen
Munster
Uelzen
Bad Bevensen
Ebstorf
Salzhausen
Egestorf
Undeloh
Wilsede
Hanstedt
Jesteburg
Neuenkirchen
Visselhövede
Bardowick
Adendorf
Lauenburg/Elbe
Deutsche Ferienroute Alpen-Ostsee
Niedersächs. Spargelstr.
Nieders. Mühlenstr.
Raubkammer
Große Heide
Oster-Heide
Steingrund
Süsing
Maßstab 1:265.000

Mehr als Heideromantik

Bilderbuchheide prägt das Naturschutzgebiet rund um den Wilseder Berg. Orte wie Bispingen oder Schneverdingen haben aber längst erkannt, dass Heideromantik allein keine Urlauber bindet. Zu Kutschfahrten und Besuchen auf dem Schnuckenhof gesellen sich Wintersport, schnelle Autos und skurrile Ideen.

1 Schneverdingen

Die Kleinstadt (18 700 Einw.) am Westrand des Naturschutzparks punktet mit ihrer Lage zwischen Heideflächen und renaturiertem Moor. Das Wanderwegenetz ist ein weiterer Trumpf der 1231 erstmals erwähnten Gemeinde.

SEHENSWERT

Der **Höpen** (119 m) im Norden der Stadt bietet ein beispielhaftes Heideerlebnis. Am Südhang sind im **Heidegarten** über 130 Arten gepflanzt, sodass von Dez. bis Sept. immer einige blühen (Schaftrift, frei zugänglich). Am Westhang ist die größte **Sonnenuhr** Deutschlands unübersehbar; der gelbe Kegel am 16,5 m hohen Zeiger weist stets zum Polarstern (Schulstraße, frei zugänglich). An der Straße Richtung Pietzmoor macht ein Wegweiser auf die **Eine-Welt-Kirche** (1999) aufmerksam; in der Altarwand stehen 7000 „Erdbücher": transparente Behälter mit Steinen und Erde aus aller Welt (Ernst-Dax-Straße, Tel. 05193 41 30, April–Okt. tgl. 15.00 bis 17.00, Mo.–Do., Sa. auch 10.00–12.00 Uhr, jederzeit Blick durch die Glastür auf den Altar). Älter ist die Feldsteinkirche **St. Peter und Paul** (1745) mit 50 m hohem Backsteinturm (Schlüssel im Kirchenbüro, Friedenstr. 3).

Schnuckenalternative: Esel in der Heide; Pietzmoor bei Schneverdingen

MUSEUM

Das **Heimatmuseum De Theeshof** (Langeohlsberg, Hansahlener Dorfstr. 16, Tel. 05193 21 99; Mai–Okt. Di.–So. 15.00–18.00, So. auch 10.00–12.00 Uhr) zeigt, wie Heidebauern von 1850 bis 1950 lebten. Um „Schule früher" geht es im **Pult- und Federkiel-Museum** (Reinsehlener Weg 2, Insel, Tel. 05113 80 05 06; Mai bis Mitte Okt. Di., Mi., Sa./So. 14.00–17.00 Uhr).

AKTIVITÄTEN

Ein besonderes Moorerlebnis bietet der 4,8 km lange, auf 6,6 km ausdehnbare Rundwanderweg 4 durchs **Pietzmoor** TOPZIEL, der nahe der L 170 Richtung Heber am Hotel Schäferhof beginnt. Fürs **Nordic Walking** stehen in und um Schneverdingen 40 km gut ausgeschilderte Routen zur Wahl (Stockverleih: Tourist-Information). Das Aus- bzw. Eintreiben der **Schnuckenherde** kann man im Sommer tgl. um 11.00 und gegen 17.30 Uhr am Schafstall auf dem Höpen beobachten; Ende Mai–Anf. Okt. gibt es dort **Schäferabende** mit Musik und Tanz (Termine bei Schneverdingen Touristik). Ein **Vortrags- und Seminarprogramm** bietet die Alfred-Töpfer-Akademie für Naturschutz auf Hof Möhr an der Straße Richtung Bispingen (Tel. 05199 98 91 0, www.nna.niedersachsen.de).

VERANSTALTUNG

Das **Heideblütenfest** (letztes Aug.-Wochenende) ist eines der Großereignisse der Region. Höhepunkt ist die Krönung der Heidekönigin (So.) mit Festzug durch den Ort und Theateraufführung auf der Freilichtbühne im Höpental (www.heidebluetenfest.de).

INFORMATION

Schneverdingen Touristik, Rathauspassage 18, 29640 Schneverdingen, Tel. 05193 9 38 00, www.schneverdingen-touristik.de

2 Bispingen

Die einst beschauliche Gemeinde hat sich zum modernen touristischen Zentrum (6300 Einw.) mit ungewöhnlichen Angeboten für Aktivurlauber entwickelt. Sie liegt in unmittelbarer Nähe des Naturschutzparks Lüneburger Heide

Tipp

Alles kopfüber

An der Zufahrt zum Snow Dome in Bispingen steht ein zweigeschossiges Schwedenhaus kopf. Erbaut wurde es 2011 ganz normal, dann aber von zwei Kränen aufs Dach gestellt. Küche, Bad und Möbel hängen von der Decke herab, Bücher, Geschirr, Spiegel oder Spielzeug sind kopfüber festgeklebt. Da erlebt man den Alltag aus einer völlig anderen Perspektive, zumal „Das verrückte Haus" längs und quer auch noch um sieben Grad geneigt ist.

WEITERE INFORMATIONEN
Tgl. 10.00–19.00, Fei. bis 17.00 Uhr; Horstfeldweg 1, 29646 Bispingen, Tel. 0160 29 19 26 76, www.dasverrücktehaus-bispingen.de

und ist im Sommer durch öffentliche Verkehrsmittel gut an viele Nachbarorte im weiten Umkreis angebunden.

SEHENSWERT

Die **Ole Kerk** (1353) wurde 1978 in ihren urspr. Zustand zurückgebaut; die 16 Bleiglasfenster der Feldsteinkirche sind allerdings modern. Die Inhaberin des privaten **Greifvogelgeheges** hat zu jedem ihrer Tiere ein enges Verhältnis und bietet weit mehr als die übliche Falkner-Show (An der B 209 Richtung Amelinghausen, Tel. 05194 78 88, www.greifvogel-gehege.de; Juli–Sept. tgl. 15.00 Uhr, Mai, Juni, Okt. nur Mi., Sa./So.). Völlig aus dem Heiderahmen fällt **Iserhatsche** mit Burg, Arche Noah, Bierflaschenmuseum, Landschaftspark u. v. m. (Nöllestr. 40, Tel. 05194 12 06, www.iserhatsche.de; April bis Okt. tgl. 10.00–18.00, sonst 11.00–16.00 Uhr).

AKTIVITÄTEN

Im **Snow-Dome** (Horstfeldweg 9, Tel. 05194 43 11 0, www.snow-dome.de; Mo.–Fr. 13.00 bis 21.00, Sa. 9.00–21.00, So. 9-00–19.00 Uhr) mit 300 m langer Piste kann man das ganze Jahr rodeln, snowboarden und Ski fahren. Pisten anderer Art finden sich nebenan in Ralf Schumachers **In- und Outdoor-Kart-Bahn** (RS Kart & Bowl, Horstfeldweg 5, Tel. 05194 98 20 50, www.rs-kartcenter.de; wechselnde Zeiten zwischen 10.00 und 23.00 Uhr) mit Bowling-Anlage. Ein beschaulicheres Vergnügen für jedes Alter beschert die **Quad-Bahn** (Am Brunausee, Tel. 04284 16 91); auf der 300 m langen, leicht hügeligen Sandbahn dürfen Kinder ab 8 Jahren allein fahren. Auf dem Brunausee werden **Boote** verliehen. Naturkundliche Führungen für jedes Alter bietet der in Bispingen-Steinbeck lebende **Heide-Ranger** an (Tel. 05194 97 08 39, www.heide-ranger.de). Mitte Juli–Anf. Sept. ist Bispingen am Sonntag Haltepunkt des Museums-Schienenbusses **Ameisenbär** von 1937 (Soltau-Touristik, Tel. 05191 82 82 83, www.soltau.de). Südl. liegt der **Center Parc Bispinger Heide,** ein großer Ferienpark mit vielen Angeboten, dessen tropisches Badeparadies samt Spa-Bereich auch nicht dort wohnenden Urlaubern offen steht (Töpinger Str. 69, Tel. 01805 72 75 24, www.centerparcs.de).

Tipp

Musik in alten Heidekirchen

An Sommersonntagen erklingen Werke aus Barock, Rokoko und Klassik abwechselnd in der alten Heidekirche von Egestorf oder Undeloh. Einen Vorverkauf gibt es nicht, aber bisher fand noch jeder Interessent Einlass.

Juli–Sept. fast jeden So. 17.00 Uhr; Info-Tel. 04175 333, www.kirche-undeloh.de

Ralf Schumachers Kart-Bahn in Bispingen; heidetypische Allee bei Bispingen; St.-Stephanus-Kirche in Egestorf

UMGEBUNG

Die Weiler **Nieder-** und **Overhaverbeck** (zusammen nur 80 Einw.) am Wilseder Berg sind ideale Ausgangspunkte für Wanderungen ins Kerngebiet des Naturschutzparks. Ein 13 km langer Rundweg führt vom Haus der Natur in Niederhaverbeck auf den Wilseder Berg und über Wilsede, die stimmungsvollen Trockentäler Stein- und Totengrund zurück zum Parkplatz, an dem auch Pferdewagen für Kutschtouren warten. Nordwestl. von Niederhaverbeck präsentiert das **Walderlebniszentrum Ehrhorn** (Ehrhorn 1, Tel. 05198 98 71 20, www.ehrhorn-heide.de; Ausstellung meist Mo.–Fr. 9.00–16.00, Waldführungen Mai–Sept. Do. 11.00–13.00 Uhr) die Geschichte von Wald- und Landwirtschaft in der Heide. Der **Wilseder Berg** (169 m), den man nur zu Fuß oder mit dem Rad erreicht, ist die höchste Erhebung in der Heide. Den knapp 50 Einw. zählenden, 1287 erstmals erwähnten Weiler **Wilsede** dürfen Kfz nur mit Sondergenehmigung ansteuern. Ruhiger als in einem der 24 Fremdenzimmer kann man seine Urlaubsnächte nicht verbringen; tagsüber kommen zur Zeit der Heideblüte allerdings bis zu tausend Besucher ins Dorf. **Dat ole Huus** ist das älteste Heidemuseum (Mai–Okt. tgl. 10.00–16.00 Uhr).

INFORMATION

Bispingen-Touristik, Borsteler Str. 6, 29646 Bispingen, Tel. 05194 39 85 0, www.bispingen.de

3 Amelinghausen

Die Samtgemeinde (8300 Einw.) besteht aus 21 Dörfern, darunter das über 1000 Jahre alte Amelinghausen, das sich selbst als „Krone der Heide" bezeichnet. Zwar ist keines der Dörfer unbedingt ein „Kronjuwel", doch hat die Landschaft einiges zu bieten. Hauptattraktion ist der **Lopausee** mit Badestrand und Tretbootverleih. Ein 2,2 km langer Rundwanderweg führt durch die naturnahe Landschaft.

VERANSTALTUNG

Mitte Aug. beginnt an einem Sa. das 9-tägige **Heideblütenfest** von Amelinghausen (www.heidebluetenfest.com). Zum Auftakt steigen aus dem Lopausee vor einem Höhenfeuerwerk farbige Fontänen; am Festumzug am letzten Tag nimmt auch die neu gekürte Heidekönigin teil.

UMGEBUNG

Die **Oldendorfer Totenstatt** ist eine der bedeutendsten Begräbnisstätten Norddeutschlands aus der Jungstein- und Bronzezeit mit mehreren Großstein- und bis zu 80 m langen Hügelgräbern (ausgeschildert an der Straße Oldendorf–Marxen); ausführliche Erklärungen dazu liefert das **Archäologische Museum Oldendorf** (Amelinghausener Str. 16 b, Tel. 04132 93 05 50, www.museum-oldendorf.de; April–Okt. Di.–Sa. 14.00–17.00, Juli–Okt. auch 10.00–12.00, So. 10.00–16.00, sonst Sa. 14.00 bis 16.00, So. 13.00–16.00 Uhr). Auf dem vorgeschichtlichen Friedhof **Soderstorf** haben Archäologen zwischen einem Hügel- und einem Großsteingrab Reste eines Urnenfelds rekonstruiert (westl., Wohlenbütteler Weg). Nördl. von Schwindebeck (8 km westl.) perlt in einem farbnuancenreichen Quellbecken das Wasser der **Schwindequelle** aus dem Waldboden.

„Heide in Not! In meinem Tempel werden Wechselstuben aufgestellt und Krämerbuden aufgeschlagen!"

Heidepastor Wilhelm Bode (1860–1927)

Durch Wald und Heide führt der Rundwanderweg im **Marxener Paradies** (7 km nordöstl.). Alte Wassermühlen findet man noch an der Luhe bei **Soderstorf** und **Wohlenbüttel.**

INFORMATION
Tourist-Information, Marktstr. 1, 21385 Amelinghausen, Tel. 04132 92 09 43, www.amelinghausen.de

4 Egestorf

Das Dorf (2400 Einw.) östlich des Naturschutzparks Lüneburger Heide ist ein beliebtes Ausflugsziel. Von 1886 bis 1923 war Wilhelm Bode (1860–1927) hier Pastor. Die Kirche **St. Stephanus** ist ein schöner Fachwerkbau mit frei stehendem hölzernem Glockenturm (1645); auf dem Marktplatz davor eine Büste des „Heidepastors". Zum Nachdenken will der **Philosophische Steingarten** anregen.

AKTIVITÄTEN
Drei **Kutschunternehmen** bieten Fahrten nach Wilsede an. Juli–Sept. finden jeden Mi. ab 15.00 Uhr 3-stündige Fahrten mit Besuch einer Schnuckenherde statt. Der 14 ha große **Barfußpark Egestorf** bietet an 60 Stationen auf 2,7 km Strecke Naturerlebnisse (www.barfusspark-egestorf.de; Mai–Mitte Okt. tgl. 9.00–18.00 Uhr).

UMGEBUNG
Die Wassermühle am Mühlteich von **Hof Sudermühlen** (mit Hotel und Restaurant) stammt im Kern aus dem Jahr 1376.

INFORMATION
Tourist-Information, Im Sande 1, 21272 Egestorf, Tel. 04175 15 16, www.egestorf.de

5 Undeloh

Im touristisch bedeutendsten Dorf (940 Einw.) des Naturschutzgebiets herrscht während der Heideblüte viel Trubel, aber schon am Dorfrand sind die Wege Wanderern vorbehalten.

SEHENSWERT
Im Dorf steht seit über 800 Jahren die Kirche **St. Magdalenen** mit ihrem romanischen Schiff aus über 1 m dicken Feldsteinmauern, dem 1644 in Fachwerkbauweise „modernisierten" Chor und einem frei stehenden Glockenturm (Ostern–Okt. tgl. 9.00–20.00, sonst bis 16.00 Uhr). Einen Besuch lohnt auch das **Heide-ErlebnisZentrum** im Süden des Ortes mit Informationen zu den Besonderheiten der Heidelandschaft (Wilseder Str. 23, Tel. 04189 81 86 48, www.heide-erlebniszentrum.de; im Sommer tgl. 10.00–17.00, im Winter Do.–Mo. 12.00 bis 17.00 Uhr).

INFORMATION
Tourist-Information, Zur Dorfeiche 27, 21274 Undeloh, Tel. 04189 3 33, www.undeloh.de

Genießen Erleben Erfahren

DuMont Aktiv

Über den Wilseder Berg

Zwischen Mitte Juli und Mitte Oktober verkehren die Busse des kostenlosen Heide-Shuttle sechs- bis achtmal täglich zwischen Undeloh und Niederhaverbeck. So sind etwa vierstündige Einwegwanderungen zwischen beiden Orten problemlos möglich. Wegweiser sorgen für gute Orientierung.

Von der St.-Magdalenen-Kirche in Undeloh, 70 m über dem Meeresspiegel gelegen, geht man zunächst etwa eine Stunde leicht bergan bis auf den 169 m hohen Wilseder Berg. Nächstes Ziel ist das 1200 m entfernte Heidedorf Wilsede mit seinem einladenden Gasthof. Gleich nebenan steht ein ursprünglich 1742 in Hanstedt errichtetes Bauernhaus als ältestes Heidemuseum. „Dat ole Huus" gewährt stimmungsvoll Einblick in die bäuerliche Lebensweise vergangener Zeiten.

Wiederum 1 km weiter erreicht man den Totengrund und wandert am oberen Rand des Wacholdertals entlang über den Hermann-Löns-Weg zum Steingrund mit seinem noch bizarreren Wacholderwald.

Auf einem Waldlehrpfad des Forstamts Sellhorn geht es etwa 10 Minuten lang bis zu einer Asphaltstraße. Folgt man ihr nach links, kommt man auf kürzestem Weg nach Niederhaverbeck. Geht man nach rechts und biegt nach 140 m links auf einen unbeschilderten Waldweg ab, gelangt man zum Eichendorff-Weg, der den Wanderer auf den 160 m hohen Boltenberg bringt. Von dessen Kuppe aus ist der Blick auf den Wilseder Berg besonders schön. Von hier aus sind es dann noch etwa 45 Minuten bis ans Ziel.

Weitere Informationen

Heide-Shuttle
Fahrpläne an allen Haltestellen, in den Tourist-Informationen und im Internet: www.naturpark-lueneburger-heide.de

Kutschfahrten
Sechs Unternehmen bieten Fahrten von Undeloh nach Wilsede an („Linienkutsche"): Mitte Mai bis Mitte Okt. tgl. 10.00 Uhr, Rückfahrt 16.30 Uhr, in der Hauptsaison öfter. Wanderer können unterwegs ein- und aussteigen.

Leihfahrräder
In Undeloh werden auch Fahrräder vermietet; die Fahrt über die sandigen Wege kann aber sehr ermüdend sein.

Wanderer am Wilseder Berg

Fachwerk und Achterbahn

Rund um eine der schönsten Fachwerkstädte Deutschlands erstreckt sich ein Urlaubsgebiet mit tagesfüllenden Freizeitangeboten wie dem Vogelpark Walsrode oder dem Heidepark Soltau. Das Kloster Wienhausen birgt einige der kostbarsten gotischen Bildteppiche Europas, die Hermannsburger Mission steht für weltweite kirchliche Kontakte der Heide.

Die Klänge des Celler Turmbläsers auf der Stadtkirche schallen hinüber bis zum Schloss.

Publikumsliebling bei der Celler Hengstparade ist die „Ungarische Post“ (links oben). Beste Pflege von Pferden und Material ist im Niedersächsischen Landgestüt an der Tagesordnung (links unten). Das Celler Barockschloss war von 1378 bis 1705 Herzogsresidenz (rechts unten). Auf eine herzogliche Stiftung von 1613 geht der Altar der Stadtkirche zurück (rechts oben).

Barock zeigt sich das Celler Schlosstheater. Es gilt als Europas ältestes, regelmäßig bespieltes Theater mit festem Ensemble.

Der Altstadt gegenüber trutzt das Celler Welfenschloss in seinem Park den Bürgern.

In der Altstadt von Celle säumen etwa 480 Fachwerkhäuser die Straßen und schaffen trotz variantenreicher Fassaden ein Bild von großer Harmonie. Fromme Sprüche zieren das Gebälk, aber auch ein nackter Hintern wird gezeigt: am Hoppener Haus in der schnurgeraden Rundestraße, mit sechs Stockwerken und farbig bemalten Schnitzereien aus dem Jahr 1532 wohl das schönste Haus der Stadt. Unterschiedlich große Plätze schaffen heimelige Urbanität, Weinstuben an verwinkelten Innenhöfen und Gastlichkeit hinter historischen Fassaden sind Garanten für gemütliche Stunden.

Skandalöse Geschichten

Der Altstadt gegenüber trutzt das Celler Welfenschloss in seinem Park den Bürgern. Noch faszinierender als antike Möbel, Stuckaturen, Schlosstheater und trotz Reformation reich ausgestatteter Kapelle sind die Frauenschicksale, von denen man bei Führungen hört. Den Anfang macht Eleonore d'Olbreuse aus dem einfachen Landadel des französischen Poitou. In Kassel lernt sie 1664 Herzog Georg Wilhelm kennen. Es ist bei beiden Liebe auf den ersten Blick. Der Herzog trennt sich von seiner Braut Sophie von der Pfalz. Eleonore schenkt ihm schon 1666, lange bevor sie 1676 endlich heiraten können, eine Tochter: Sophie Dorothee. Die muss 1682 ihren hannoversch-kurfürstlichen Cousin heiraten – als George I. später der erste Welfe auf dem englischen Königsthron –, liebt jedoch den leichtlebigen Grafen Königsmarck. Dem nicht weniger lebensfrohen Gatten wird das hintertragen, er lässt den Grafen ermorden und seine Frau nach der Scheidung für 32 Jahre auf Schloss Ahlden festsetzen, wo sie 1726 stirbt. Ihre beiden Kinder darf sie nie mehr wiedersehen.

Diese Chronique scandaleuse setzt sich Generationen später fort. Sophie Dorothees Urenkelin Caroline Mathilde wird Königin von Dänemark, liebt aber den deutschen Leibarzt und Minister ihres geisteskranken Gatten, Johann Friedrich Struensee. Erneut gibt es kein Happy End: Struensee wird 1772 wegen Hochverrats hingerichtet, die Königin verbringt ihre letzten beiden Lebensjahre als geschiedene Frau im Celler Schloss, das die Kurfürsten ja nicht mehr brauchen, weil sie inzwischen Könige von England sind.

Juden in der Heide

Dem Celler Schloss gegenüber fügt sich am entgegengesetzten Ende der Altstadt eine der wenigen erhaltenen Synagogen Norddeutschlands bescheiden zwischen

Grabdenkmal der Welfen-Herzöge im Chorraum der Celler Stadtkirche

Die von Fachwerk geprägte Celler Altstadt überstand den Zweiten Weltkrieg unbeschadet.

Das Weinlokal „Postmeister von Hinueber" hinter einer Alt-Celler Fassade

Das Bomann-Museum präsentiert volkskundliche und stadtgeschichtliche Sammlungen.

die Häuserfronten ein. Der Bau aus dem Jahr 1740 überstand die „Reichskristallnacht" 1938 nur deshalb relativ unversehrt, weil man bei einer Inbrandsetzung ein Übergreifen des Feuers auf die ganze Fachwerkstadt fürchtete. Damals lebten nur noch weniger als vierzig Juden in Celle.

Grausame Ironie der Geschichte: Beim einzigen während des Zweiten Weltkriegs auf Celle geflogenen Bombenangriff wurde im April 1945 ausgerechnet ein Zug getroffen, der viertausend KZ-Gefangene ins Heide-Konzentrationslager Bergen-Belsen bringen sollte. Die Hälfte von ihnen kam im Bombenhagel um. Bergen-Belsen wurde am 15. April 1945 von britischen Truppen befreit: Sie fanden dort 60 000 Überlebende und 10 000 noch nicht kremierte Leichen vor. Unter den Opfern des Lagers war auch die 1929 in Frankfurt am Main geborene Anne Frank. In der 2008 eröffneten neuen Gedenkstätte kommen Opfer und Täter in Filminterviews an Videosäulen eindrucksvoll zu Wort.

Zuchthengste und Reitponys

Die Firstenden der Hofdächer in der Heideregion werden häufig von geschnitzten Pferdeköpfen geziert. Viele Heidjer sind Pferdenarren, davon zeugen allein schon die zahlreichen Reiterhöfe für Urlauber und das Deutsche Pferdemuseum in Verden an der Aller. Zwei Reitsportereignisse in der Heide haben europaweite Bedeutung: das Military-Turnier in Luhmühlen in der Nordheide und die Celler Hengstparade. Deren Schauplatz ist das Landgestüt Celle, das 1735 vom englischen König George II. gegründet wurde, dem Sohn der unglückseligen Sophie Dorothee. Das Gestüt dient vor allem einem Zweck – der Bereitstellung von Hannoveraner Zuchthengsten. Längst arbeitet man hier mit modernster Biotechnologie. Neuerdings kooperieren die Celler auch mit den Züchtern deutscher Reitponys und halten dafür im Ponymaß stehende Hannoveraner im Gestüt bereit.

In der Altstadt von Celle säumen etwa 480 Fachwerkhäuser die Straßen.

Weltgrößter Vogelpark

Auch eine der bedeutendsten Touristenattraktionen der Heide – der Weltvogelpark Walsrode – ist züchterisch tätig. In einer grandiosen, vollständig von Wald gerahmten Park- und Gartenlandschaft leben etwa 4000 Vögel aus 675 Arten aller Kontinente. Von den Kolibris über Humboldt-Pinguine und die größte Papageiensammlung der Welt bis zum Andenkondor mit über drei Meter Flügelspannweite reicht das Spektrum. Pelikane und Flamingos bevölkern die Teiche, in großen Freiflugvolieren sind vielerlei Eulenarten zu sehen, bei Flugshows breiten Kondore und Schlangenadler ihre Schwingen aus. Kontaktvolieren erlauben das Füttern der Papageien – ansonsten ist Füttern verboten. Die Futterküche bereitet den Vögeln mit 150 Kilogramm Fisch, 2300 Eintagsküken sowie je fünfzig Kilo Obst und Körnermischungen pro Tag einen reich gedeckten Tisch.

Der Vogelpark ist über einen eigenen Fonds weltweit bei vielen Schutzprogrammen zwischen Neukaledonien,

Kopfüber hinein ins Vergnügen: An Nervenkitzel wird im Heide-Park Soltau nicht gespart.

Im weitläufigen Serengeti-Park haben auch die großen Tiere freien Auslauf.

Mit dem Raddampfer einmal um die Freiheitsstatue – im Heide-Park ist es möglich.

Madagaskar und Brasilien aktiv. So beteiligt man sich an der Nachzucht des fast ausgestorbenen Spix-Ara in Cartinga im brasilianischen Bundesstaat Bahia. Nur siebzig Tiere sind noch am Leben, 200 werden für die Auswilderung benötigt. Damit die Tiere später in der Wildnis auch geschützt werden können, unterstützt man eine Schule in der Region, deren Absolventen eines Tages auch Ranger-Funktionen übernehmen könnten.

Gehegt werden hier in Walsrode aber auch Weiß- und Schwarzstörche. Man nimmt verletzte Vögel auf, von denen jedes Frühjahr einige in Nestern am Boden, vom Besucher gut einschbar, ihre Eier ausbrüten. Manchen der Störche gefällt es in Walsrode so gut, dass sie im nächsten Frühjahr gesund zurückkehren und jetzt ihre Nester in den Bäumen des Vogelparks bauen.

Aus der Heide in die Welt

In alle Welt hinaus streben auch die Mitarbeiter der sogenannten Hermannsburger Mission, offiziell „Evangelisch-lutherisches Missionswerk in Niedersachsen" genannt. Ihre Zentrale im Heideort Hermannsburg sitzt in einem ganz modernen Bau, bietet auch Pilgern auf dem kürzlich neu geschaffenen Jakobsweg

Manchen der Störche gefällt es in Walsrode so gut, dass sie im Frühjahr gesund zurückkehren.

eine Herberge und gibt sich in der Cafeteria ebenso international wie im Welt-Laden. Etwa sechzig Mitarbeiter, überwiegend Pastoren und Ärzte, sind oft gemeinsam mit ihren Lebenspartnern für das 1849 von Ludwig Harms gegründete Missionswerk in zehn Ländern auf drei Kontinenten tätig: in armen Ländern wie Zentralafrika, in Schwellenländern wie Indien und sogar jenseits des Ural in der Russischen Föderation. Jungen

Bei manchen Bewohnern des Vogelparks Walsrode ist Füttern ausdrücklich erlaubt.

Valerij Bugrovs „Himmel und Erde“ ist eines der Außenobjekte
der Kunst-Landschaft um Neuenkirchen.

Auch alte Eisenbahnschwellen wurden in Neuenkirchen zu Kunstobjekten.

Die der Aller zustrebende Örtze ist ein beliebtes Paddelrevier.

Special

Luftbrücke

Heide-Kohle

West-Berlin hat die Bewahrung seiner Freiheit ein wenig auch dem eher unbekannten Heidedorf Faßberg zu verdanken.
Vom 8. Juli 1948 bis zum 27. August 1949 starteten amerikanische und britische Piloten hier 53 911-mal mit insgesamt 539 112 Tonnen Kohle. Am geschäftigsten Tag absolvierten sechzig Flugzeuge 450 Flüge – alle vier Minuten landete oder startete eine Maschine in Faßberg. Die drei Luftkorridore nach Berlin waren Einbahnstraßen. Im Norden und Süden ging es hin, durch den mittleren Korridor Richtung Hannover zurück. Verfehlte eine Maschine den Anflug, musste sie zu ihrem Ursprungsort zurückkehren, weil kein Lande-Slot in Berlin mehr frei war. In drei alten Nissenhütten wird diese Zeit von der „Gedenkstätte Luftbrücke“ dokumentiert.

Menschen vermittelt das ELM soziale Dienste im Ausland. Beim jährlichen Missionsfest im Juni sind stets viele Vertreter der Partnergemeinden zugegen und geben dem Heideort einen farbigen, weltoffenen Anstrich.

Gestickte Geschichten

Welt und Religion treffen auch im stattlichen Kloster Wienhausen zusammen, das Zisterziensernonnen im Jahr 1221 gründeten. Ihre bedeutendste Hinterlassenschaft sind auf gewobener Leinwand gestickte weltliche und biblische Szenen, den Wandmalereien im Nonnenchor des Klosters stilistisch nicht unähnlich. Diese Wandteppiche schmückten das Kloster und hielten zugleich die Räume warm. Neun davon sind im Museum erhalten, von anderen blieben Fragmente. Die Teppiche wurden von den Nonnen auch an begüterte Mitmenschen außerhalb des Klosters verkauft – darum gesellen sich zu biblischen Motiven Themen aus der germanisch-keltischen Mythologie oder Jagdszenen. Alle Teppiche sind von figurenreicher Fabulierfreude, die Abfolge der Szenen erinnert fast an einen Film. Statt des Tons sind in die waagerechten Trennstreifen Texte eingewoben, so auch in den mehr als vier Meter langen und über zwei Meter hohen Tristan-Teppich mit 24 Einzelszenen.

Zweierlei Heidedichter

Erzählungen ganz anderer Art haben die beiden „Heidedichter“ Hermann Löns und Arno Schmidt geschaffen. Löns, der meist außerhalb der Heide lebte, schrieb viel über sie, während Schmidt, der bis zu seinem Tod 25 Jahre lang in Bargfeld bei Celle, also mitten in der Heide wohnte, sie in seinen Werken nur kurz als Kulisse streift. Lieber hätte er

> Arno Schmidt an seinen Kollegen Alfred Andersch: „Also bleibt nur noch die Haide.“

in Irland gelebt, aber dafür fehlte ihm das Geld. Arno Schmidt an den Schriftstellerkollegen Alfred Andersch: „Also bleibt nur noch die Haide.“ Hermann Löns wiederum war die Heide nicht genug. Er meldete sich 1914 als Freiwilliger an die Front und fiel in Frankreich.

Arno Schmidt kennen heute nur noch Germanisten und ein paar Liebhaber deutscher Nachkriegsliteratur. Sein Haus in Bargfeld kann nach Voranmeldung besichtigt werden, sonst erinnert nichts an ihn. Zu schwer lesbar sind seine überwiegend phonetisch

Backstein allerorten: am gotischen Westgiebel
der Klosterkirche Wienhausen ebenso …

… wie im Remter des evangelischen
Damenstifts Kloster Walsrode

Fachwerk-Wirtschaftsgebäude und Innenaufnahme des Klosters Wienhausen

Viele Flüsse haben einen hohen Freizeitwert, sind mit dem Kanu befahrbar.

geschriebenen, mit Dialekt, Jargon und Zeichen angereicherten Texte. „Ahrno Schmitt wahr 1 egohzentrischer Ekzentricker & fuur mit derr Isettah durch die Haide & beschribb Zettel" – so in etwa würde man Arno Schmidt beschreiben müssen, hätte er nicht so viele renommierte Literaturpreise gewonnen. Auch der Preis seines Hauptwerks, „Zettels Traum", wirkt abschreckend: Selbst für eine neue Ausgabe muss man 200 Euro bezahlen, die Erstausgabe wird für ein Mehrfaches gehandelt. Die Bücher von Herrmann Löns hingegen werden mittlerweile zu Tiefstpreisen verschleudert. Seine detaillierten Beschreibungen von Tier- und Pflanzenwelt, Jagd und Heidestimmung sind nicht mehr nach dem Zeitgeschmack. Zudem hat ihn der Lobpreis der Nationalsozialisten für seine Bauernepen wie „Der Wehrwolf" manchen kritischen Geistern – eher zu Unrecht – suspekt gemacht. Trotzdem erfahren die Löns-Denkmäler, Löns-Steine und Löns-Stuben in der Heide regen Besucherzuspruch.

Quellen in der Heide

Ein Löns-Stein findet sich auch auf dem Wietzer Berg bei Müden an der Örtze, einem der schönsten Heideflüsschen. Die Gewässer und ihre Quellen zählen zu den unbekannten landschaftlichen Kostbarkeiten. Die meisten fließen über Aller

Grundsaniert: die Holländermühle
in Sprengel bei Neuenkirchen

Müden am Flüsschen Örtze gilt als eines
der gemütlichsten Heidedörfer.

Alljährlich an Himmelfahrt kommt
die Wolle runter …

… bei der Schnuckenherde
von Neuenkirchen.

Am Neuenkirchener Schnuckenstall werden Schafwollprodukte angeboten.

Special

Kieselgur

Nützliche Winzlinge

Bis 1994 wurde Kieselgur, größter Bodenschatz der Heide, in alle Welt exportiert.

Die Hüllen mikroskopisch kleiner, vor über 300 000 Jahren abgestorbener Kieselalgen bildeten im Lauf der Zeit meterdicke Ablagerungen auf dem Grund von Seen – zugedeckt von Sand und Kies, als diese austrockneten. Ab 1863 widmeten sich bis zu zwanzig Betriebe der Gewinnung und Verarbeitung.

Kieselgur ist ein wichtiger Bestandteil von Dynamit, dient zum Filtern von Trinkwasser, Bier und Säften, erhöht die Beständigkeit von Asphalt, macht Autoreifen abriebfester, fungiert als Trägersubstanz in Kosmetika und vieles mehr. Ein Erlebnispfad auf dem Gelände des Ferienparks Heidesee in Oberlohe erzählt davon.

und Wümme der Weser zu, ein Teil vereint sich mit der Elbe. Süßwassermuscheln, mit deren Perlen Klosterfrauen früher Gewänder und liturgische Tücher bestickten, kommen längst nicht mehr darin vor, aber für Vögel, Libellen, Amphibien und ein paar Fischarten sind sie wieder sauber und natürlich genug. Alte Wassermühlen zeugen von ihrer früheren Nutzung als Energiequellen. In Müden hat man sogar eine „Bikbank" unter alten Eichen rekonstruiert: eine Waschbank, als Erinnerung an waschmaschinenlose Zeiten. Viele Flüsse haben einen hohen Freizeitwert, sind mit dem Kanu befahrbar, einige wenige sogar mit kleinen Ausflugsdampfern.

Wie unterschiedlich Heidequellen sein können, zeigen die Vissel- und die Schwindequelle. Die Visselquelle sprudelt in einem Quellteich mitten im Dorf Visselhövede neben der Kirche in einem schön gestalteten Park. Eine Fontäne hält sie algenfrei – vor einigen Jahren wurden sogar erstmals wieder 36 Kinder an der Quelle mit Visselwasser getauft. Die Schwinde hingegen tritt in einem Wäldchen bei Amelinghausen aus vielen Löchern in einem flachen, völlig naturbelassenen, vielfarbigen Quellbecken von über dreißig Quadratmeter Größe aus feinem weißem Sand aus. Sie ist die zweitstärkste Quelle Niedersachsens.

KARTOFFEL

Tolle Knolle für Kochtopf und Industrie

Lüneburger Heidekartoffeln sind europaweit ein Begriff. Die Europäische Union hat ihn sogar geschützt. Vor Ort werden die tollen Knollen säckeweise an der Straße angeboten – zur Selbstbedienung.

Jeder Deutsche verzehrt im Schnitt sechzig Kilo Kartoffeln im Jahr. Die Hälfte der gesamtdeutschen Ernte kommt aus Niedersachsen, ein Gutteil davon aus der Heide. Kartoffelstärke aus dem Wendland wird weltweit zur Herstellung von Papier, Glasnudeln, Joghurtbechern, Biomülltüten und Tapetenkleister verwendet.

Ein langer Weg

Die Heidekarriere der Kartoffel begann 1635 als Zierpflanze in den Lustgärten Harburger Herzöge, die sich vor allem an den Blüten erfreuten. Die erste Kartoffelmahlzeit ist dank der Rechnung für das Begräbnismahl einer Ebstorfer Äbtissin für 1667 belegt. Erst hundert Jahre später wurde die Knolle allmählich zur Feldfrucht und ersetzte dann ab dem frühen 19. Jahrhundert Roggenbrot, Hafer- und Buchweizengrütze als Grundnahrungsmittel der Heidjer.

Im Hochland der Anden wurden Kartoffeln rund um den Titicacasee schon 8000 Jahre früher angebaut. Die Spanier verbreiteten die Nachtschattengewächse über Gran Canaria als Zwischenstation zur Akklimatisation in Europa. Die Italiener nannten sie „tartoffoli" und wurden damit zu Taufpaten des deutschen Namens.

Sortenvielfalt

Insgesamt gibt es etwa 4000 Kartoffelsorten, über 200 davon sind in Deutschland offiziell zum Anbau und Verkauf zugelassen – Tendenz steigend. Sie unterscheiden sich in Farbe, Größe, Konsistenz, Geschmack und Form. Die Europäische Union kennt sogar geschützte geografische Herkunftsbezeichnungen für die Knollen; seit 2010 gehört die „Lüneburger Heidekartoffel" dazu.

Nicht alle in der Heide produzierten Erdäpfel sind jedoch für Kochtopf, Bratpfanne oder Fritteuse bestimmt. Fast eine halbe Million Tonnen werden allein in der Lüchower Stärkefabrik verarbeitet, und manche Heidekartoffel landet auch in der Wellness- und Beauty-Abteilung des „Ersten Deutschen Kartoffel-Hotels" im Rundlingsdorf Lübeln. Von der Gesichtsmaske bis zur Ganzkörperpackung kommt da das „Gold der Heide" zum Einsatz. Die Küche bietet die dazu passende Kartoffeldiät.

Die Heidekarriere der Kartoffel begann 1635 als Zierpflanze.

Urlaubserkenntnis: Kartoffeln wachsen nicht im Supermarkt!

Mitte des 16. Jahrhunderts tauchte die Kartoffel in botanischen Gärten in Italien, dem Burgund und den Niederlanden auf – anfangs vor allem wegen der schönen Blüten und des üppigen Blattgrüns geschätzt.

Kartoffel-Hotel

Kartoffelmassagen, -bäder und -packungen machen sich den Vitamin- und Mineralstoffgehalt sowie die antiseptische und zellerneuernde Wirkung der Knollen zunutze.

Erstes Deutsches Kartoffel-Hotel Lüneburger Heide, Lübeln 1, 29482 Küsten, Tel. 05841 13 60, www.kartoffel-hotel.de

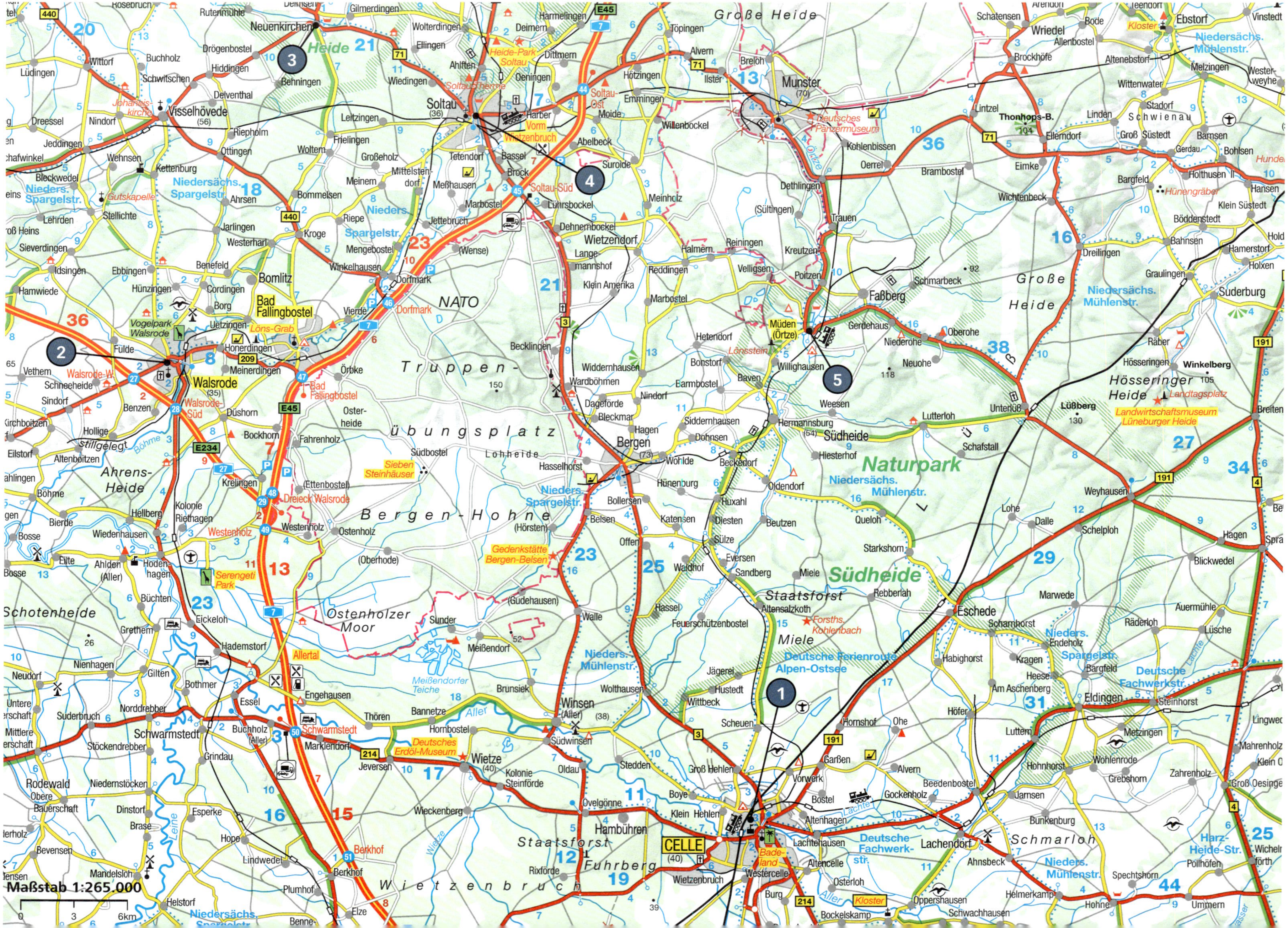

Große Heide
Munster
Deutsches Panzermuseum
Soltau
Heide-Park Soltau
Soltau Therme
Vorm Walsrode
Vogelpark Walsrode
Walsrode
Bad Fallingbostel
Bomlitz
Visselhövede
Neuenkirchen
Heide
Wietzendorf
Faßberg
Müden (Örtze)
Unterlüß
Hösseringen
Hösseringer Heide
Landwirtschaftsmuseum Lüneburger Heide
Suderburg
Ebstorf
Kloster
Naturpark
Südheide
Hermannsburg
Eschede
Bergen
Gedenkstätte Bergen-Belsen
Truppen-
übungsplatz
Bergen-Hohne
NATO
Ostenholzer Moor
Serengeti Park
Schwarmstedt
Wietze
Deutsches Erdöl-Museum
Winsen (Aller)
Hambühren
CELLE
Lachendorf
Wietzenbruch
Schmarloh
Deutsche Fachwerkstr.
Niedersächs. Mühlenstr.
Niedersächs. Spargelstr.
Deutsche Ferienroute Alpen-Ostsee
Allertal
Meißendorfer Teiche
Sieben Steinhäuser
Löns-Grab
Dreieck Walsrode
Ahrens-Heide
Schotenheide
Staatsforst
Miele
Staatsforst
Fuhrberg
Harz-Heide-Str.
Bade-land
Dorfmark
Maßstab 1:265.000

Nicht nur Freizeitland

Celle ist der Mittelpunkt einer waldreichen Region, die außer Heideflächen und mittelalterlichen Klöstern bedeutende Technikmuseen und mahnende Erinnerungen ans dunkelste Kapitel deutscher Geschichte bereithält. Unbeschwerte Ferienfreuden bieten einer der größten Freizeitparks Deutschlands und der größte Vogelpark Europas.

1 Celle

Die Altstadt von Celle (68 700 Einw.) blieb im Krieg nahezu unversehrt. Über 480 Fachwerkhäuser aus fünf Jahrhunderten bilden einen Kontrapunkt zum barocken Schloss der Vorfahren des Hauses Windsor. Kein Kloster, wie der Name vermuten lässt, sondern ein im 13. Jh. befestigter Allerübergang war Ursprung der Stadt. Eine bunte gastronomische Szene und viele, teils originelle Einzelhandelsgeschäfte machen sie für ein weites Umland attraktiv.

SEHENSWERT

Das 1292 gegründete, mehrfach umgebaute **Schloss** TOPZIEL (Schlossplatz 1, Tel. 05141 1 23 73; Führungen April–Okt. So.–Fr. 11.00, 13.00, 15.00, Sa. stdl. 11.00–15.00, sonst Di.–Fr. 11.00,15.00, Sa./So. 11.00, 13.00, 15.00 Uhr) war 1378–1705 Herzogsresidenz. Die 1485 geweihte **Schlosskapelle** birgt ein einzigartiges protestantisches Bildprogramm; den Altar gestaltete der Antwerpener Martenos de Vos im Renaissancestil (16. Jh.). Das barocke **Schlosstheater** bietet jährlich etwa 18 Premieren und 8 Kammermusikkonzerte (www. schlosstheater-celle.de). Die Fürstengruft der 1676–1698 barock umgestalteten **Stadtkirche** (um 1300; Kirche April–Dez. Di.–Sa. 10.00–18.00, sonst 11.00–17.00, Führung Fürstengruft Mi., Do. 16.00, Turmbesteigung April–Okt. Di.–Sa. 10.00–11.45, 14.00–16.45 Uhr) birgt die Grablegen von 17 Mitgliedern des welfischen Herzogshauses. Als schönster Fachwerkbau der denkmalgeschützten **Altstadt** gilt das Hoppener-Haus (Poststr. 8/Rundestraße). Deutschlands älteste erhaltene **Synagoge** (1740) steht am Altstadtrand (Im Kreise 24, Tel. 05141 1 24 52; Di.–Do., So. 12.00–17.00, Fr. 10.00–15.00 Uhr). Im Nordteil des Französischen Gartens informiert der **Bienengarten** des Instituts für Bienenkunde (gegr. 1927) über die Imkerei (Wehlstr. 4, Tel. 05141 9 05 03 40, www.bieneninstitut.com; Mo. bis Do. 9.00–12.00, 14.00–15.30, Fr. 9.00–12.00 Uhr). Dem Erhalt der Hannoveraner Pferderasse gilt seit 1735 das Bemühen des **Niedersächsischen Landgestüts** (Spörckenstr. 10, Tel. 05141 9 29 40, www.landgestuetcelle.de; Mo.–Fr. 8.00 bis 12.00, 13.30–15.30, Sa. 8.00–12.00 Uhr).

Tipp

Sprechende Laternen

In Celle sprechen Laternen miteinander. Die fünf figürlichen Lichtobjekte vor dem Hoppener-Haus erzählen Döntjes aus der Stadtgeschichte, wenn sich ein Passant zwischen sie stellt. Sie tragen Namen, und ihre Stimmen sind zum Teil überregional bekannt. So lieh Lilo Wanders der „Oma" ihre Stimme oder das Krümelmonster aus der Sesamstraße (Gerhard Fiedler) der „Dicken". Mehrmals im Monat ist Laternensprechstunde; dann beantwortet eine Laterne live die Fragen der Besucher.

Tgl. 10.00–13.00, 15.00–21.00 Uhr; Ecke Rundestraße/Poststraße, www.sprechende-laternen.de

Celle: Barockschloss; Synagoge von 1740; Fachwerkhäuser in der Neuen Straße

MUSEEN

Bedeutend ist das **Bomann-Museum** (Schlossplatz 7, Tel. 05141 1 23 72, www.bomann-museum.de; Mi.–Mo. 11.00–17.00 Uhr) mit Kultur-, Regional- und Stadtgeschichte. Gleich nebenan zeigt das **Kunstmuseum** (Schlossplatz 7, Tel. 05141 1 26 85, www.kunst.celle.de, Mi.–Mo. 11.00 bis 17.00 Uhr) moderne Kunst ab dem frühen 20. Jh. Nachts laden Licht- und Klanginstallationen zu einem effektvollen Rundgang ums Museum ein. Das **Garnison-Museum** (Hafenstr. 4, Tel. 05141 21 46 42, www.garnison-museum.celle.de; Mi. 13.00–18.00, Sa. 10.00–14.00 Uhr) erzählt die Geschichte Celles als Truppenstandort seit 1866 und zeigt vor allem Uniformen, Waffen, Orden, Fotografien und Urkunden.

AKTIVITÄTEN

35 Min. dauern die **Stadtrundfahrten** mit der Kutsche (Abfahrt Großer Plan, Ecke Bergstraße, Tel. 05141 98 79 0, www.schubotz-muehle.de; stdl. 10.00–18.00 Uhr). **Schifffahrten** auf der Aller nach Winsen/Aller oder Bannetze bietet die „Wappen von Celle" 4-mal wöchentlich (Tel. 05141 94 12 12, www.celler-schifffahrt.de).

EINKAUFEN

Eine Celler Spezialität ist der hochprozentige **Kräuterlikör Ratzeputz.** Bevor man ihn trinkt, sollte man kräftig ausatmen.

VERANSTALTUNGEN

Das Ensemble des **Schlosstheaters** (Theaterkasse Markt 18, Tel. 05141 9 05 08 75, www.schlosstheater-celle.de) zeigt Klassiker, Gegenwartsdramen und Revuen. Ein Großereignis ist die **Celler Hengstparade** an den letzten beiden Wochenenden im Sept. (Tickets Tel. 05141 9 29 40 und Tourist-Information). Bei der **Jazz Streetparade** (Mitte Juni) gleicht die Stimmung fast der in New Orleans. Der **Weihnachtsmarkt** auf dem Großen Plan ist der schönste in der Heide (ab 1. Advents-Wochenende).

UMGEBUNG

Wienhausen (10 km südöstl.) ist idyllisch dank dem 1221 gestifteten Kloster mit Parklandschaft und alter Wassermühle (An der Kirche 1, Tel. 05149 1 86 60, www.kloster-wienhausen.de; Klosterführungen April–Mitte Okt. Di.–Sa. 11.00, 14.00, 15.00, 16.00, 17.00, So. stdl. 12.00–17.00, Juni–Mitte Okt. Di.–Sa. auch 12.30, 2. Okt.-Hälfte kürzer; Museum Sa. nach Pfingsten–Mitte Okt. Di.–Sa. 11.00–18.00, So. 12.00–18.00 Uhr). Wie aus alter Zeit wirkt der Weiler **Marwede** (25 km nordöstl.). **Bargfeld** (weiter südl.) war Wohnsitz des Literaten Arno Schmidt (1914–1979), dessen Haus nach Voranm. besichtigt werden kann (Tel. 05148 9 20 40, www.arno-schmidt-stiftung.de). In **Wietze** (18 km westl.) informiert das **Deutsche Erdölmuseum** TOPZIEL (Schwarzer Weg 7, Tel. 0 51 46 / 9 23 40, www.erdoelmuseum.de; Juli–Aug. 10.00–18.00, März bis Mai, Sept.–Nov. Di.–So. 10.00–17.00 Uhr) über die hiesige Erdölförderung 1858–1963; ein 4–6 km langer Museumspfad führt über das Raffineriegelände zur ehem. Arbeitersiedlung.

INFORMATION

Tourismus-Region Celle, Markt 14–16, 29221 Celle, Tel. 05141 12 12, www.regioncelle.de

❷ Walsrode

Die eng mit Hermann Löns (1866–1914) verbundene Kleinstadt (23 300 Einw.) entstand als Siedlung (1383 Stadtrecht) des 986 gegründeten Benediktinerinnenklosters, des ältesten der sechs Heideklöster.

SEHENSWERT

Die schön in die Landschaft gebetteten Bauten des **Klosters** (heute ev. Damenstift) stammen überwiegend aus dem 18. und 19. Jh. (Tel. 05161 4 85 83 80, www.kloster-walsrode.de; Führungen April–Sept. tgl. 15.00, 16.00, 17.00, Okt. 15.00, 16.00 Uhr).

MUSEEN

Im **Heidemuseum Rischmannshof** ist ein Hermann-Löns-Zimmer mit Erstausgaben seiner Werke eingerichtet (Hermann-Löns-Str. 2, Tel. 05161 97 72 70; März–Nov. Mi.–Sa. 10.00 bis 12.30, 13.00–17.00, So. 13.00–17.00 Uhr).

AKTIVITÄTEN

Das vorgebliche **Löns-Grab** im Tietlinger Wacholderhain erreicht man auf einer 90-Min.-

Erdölmuseum in Wietze; Schnuckenauktion in Müden an der Örtze

Rundwanderung vom Gasthaus „Zum Wacholderhain“. Einen ganzen Tag kann man im **Weltvogelpark Walsrode** verbringen (Tel. 05161 6 04 40, www.weltvogelpark.de; Ostern–Okt. 10.00–18.00/19.00 Uhr). Bei Hodenhagen (südl.) liegt der **Serengeti-Park** mit 1500 frei lebenden Löwen, Elefanten u. a. (Am Safaripark 1, Tel. 05164 9 79 90, www.serengeti-park.de; April bis Okt. tgl. ab 10.00, letzter Einlass 16.00/17.00 Uhr).

UMGEBUNG

Der Kurpark von **Bad Fallingbostel** liegt schön am Ufer der Böhme, die auf ihrem Weg nach Dorfmark ein Tal mit bis zu 40 m hohen bewaldeten Steilwänden geschaffen hat.
Die besterhaltenen Großsteingräber der Heide, **Sieben Steinhäuser** genannt, stehen auf dem Truppenübungsplatz bei Ostenholz (Zufahrt nur Sa./So. 8.00–18.00 Uhr).

INFORMATION

Tourist-Information Walsrode, Lange Str. 22, 29664 Walsrode, Tel. 05161 97 71 75, www.vogelpark-region.de;
Tourismus-Agentur Vogelpark-Region, Sebastian-Kneipp-Platz 1, 29683 Bad Fallingbostel, Tel. 05162 40 04 00

❸ Neuenkirchen

Der Luftkurort bezeichnet sich stolz als Schnuckendorf. Die Umgebung ist schön, das Hauptdorf der 1974 entstandenen Gemeinde (5500 Einw.) eher modern-gesichtslos. Direkt am Ortszentrum zeigt der wiederaufgebaute Schröers Hof, wie ein Heidehof der wohlhabenderen Art aussah. Etwas südöstl. des Zentrums bildet der Schäferhof ein idyllisches Ensemble.

AKTIVITÄTEN

Zu Fuß, per Rad oder Pferd kann man die etwa 40 Skulpturen des Projekts **Kunst-Landschaft** aufsuchen, bei dem sich internationale Künstler seit 1974 mit der umliegenden Natur auseinandergesetzt haben (Kunstverein Springhornhof, Tel. 05195 93 39 63, www. springhornhof.de).

UMGEBUNG

In **Visselhövede** (10 km südwestl.) entspringt in einem angelegten Teich gleich hinter der Kirche St. Johannis mit gut erhaltenen gotischen Deckenmalereien (Mai–Sept. tgl. 8.00–18.00 Uhr) die Vissel (tgl. bis zu 60 m³).

INFORMATION

Heide-Touristik, Schröers Hof, Kirchstr. 9, 29643 Neuenkirchen, Tel. 05195 51 39, www.heideurlaub24.de

❹ Soltau

Das im Krieg stark zerstörte Soltau (21 100 Einw.) macht das Fehlen von Sehenswürdigkeiten durch die Nähe des größten Freizeitparks der Heide wett. 1388 erhielt es Stadtrecht und war ab dem 18. Jh. lange Zeit Garnison.

MUSEEN

Gegenüber dem Rathaus von 1825 zeigt das **Norddeutsche Spielzeugmuseum** (Poststr. 7, Tel. 05191 8 21 82, www.spielzeugmuseum-soltau.de; tgl. 10.00–18.00 Uhr) auf 600 m² Spielzeug aus vier Jahrhunderten.

AKTIVITÄTEN

In der **Soltau-Therme** (Am Böhmerwald, Tel. 05191 8 44 81, www.soltau-therme-online.de; Di.–So. 9.00–22.00, Mo. 10.00–22.00 Uhr) mit Hallen-, Frei- und Solebecken stehen an manchen Abenden Schwimmen bei Kerzenschein oder Mitternachtssauna auf dem Programm. Schönstes Freizeitbad der Heide mit Wellenbad, Wildwasserkanal, Wasserfall und Saunalandschaft ist das **Südsee-Badeparadies** bei Wietzendorf (13 km südöstl.; Im Lindhorstforst 65, Tel. 05196 98 03 30, www.suedsee-camp.de; April–Okt. tgl. 10.00–22.00, sonst Di.–Fr. 14.00 bis 21.00, Sa./So. 10.00–21.00 Uhr).

EINKAUFEN

Das **Designer Outlet Soltau** bietet auf rund 13 500 m² über 60 namhafte Marken mit Nachlässen von 30 bis 70 % an (Rahrsberg 7, www.designeroutletsoltau.com; Mo.–Sa. 10.00 bis 20.00 Uhr).

UMGEBUNG

Munster (13 km östl.) ist eine typische Garnisonstadt zwischen zwei Truppenübungsplätzen und damit guter Standort für das Deutsche Panzermuseum, das sich als Technikmuseum versteht (Hans-Krüger-Str. 33, Tel. 05192 25 52, www.daspanzermuseum.de; Jan.–Nov. Di.–So. 10.00–18.00 Uhr, Juni–Sept. tgl.).

INFORMATION
Soltau-Touristik, Am alten Stadtgraben 3, 29614 Soltau, Tel. 05191 82 82 82, www.soltau.de

5 Müden an der Örtze

Müden (2200 Einw.) gilt als schönstes Dorf der Südheide. Hier sind besonders viele alte Heidehöfe erhalten, und auf dem Gemeindegebiet werden mehrere Heideflächen gepflegt.

SEHENSWERT
Die Backsteinkirche **St. Laurentius** (Urspr. um 1200) birgt im Chorgewölbe ein Fresko (um 1500) des Jüngsten Gerichts.

AKTIVITÄTEN
Im **Wild- und Abenteuerpark** (Heuweg 23, Tel. 05053 90 30 31, www.wildparkmueden.de; März–Okt. tgl. 9.00–18.00, sonst 10.00–16.00 Uhr) kann man über 200 Tiere sehen, dem Falkner bei der Arbeit zuschauen oder ein Kletterabenteuer in bis zu 22 m Höhe bestehen. Entlang der Örtze zieht sich ein **Erlebnispfad** (10,5 km) zum Thema Heidebach.

VERANSTALTUNGEN
Die **Heidschnuckenbock-Auktion** in Müden (2. Juli-So.) ist zwar auch amüsant, vor allem aber ernsthaftes Treffen der Schnuckenzüchter. Der Festumzug des 3-tägigen **Internationalen Trachtenfests** in Hermannsburg findet an einem So.-Nachm. Mitte Aug. statt.

UMGEBUNG
Die **Gedenkstätte Bergen-Belsen** auf dem Gelände des ehemaligen Konzentrationslagers erschüttert jeden Besucher (Anne-Frank-Platz, Lohheide, Tel. 05051 475 92 00, http://bergen-belsen.stiftung-ng.de; April–Sept. tgl. 10.00 bis 18.00, sonst bis 17.00 Uhr). Eine Folge des Krieges dokumentiert die Erinnerungsstätte Luftbrücke Berlin in **Faßberg** (Waldweg, Tel. 05055 17 10 15, www.luftbrueckenmuseum. de; Mitte März–Mitte Okt. Sa.–Do. 13.00–17.00 Uhr). **Unterlüß** (15 km östl.) war Wohnsitz des Heidemalers Albert König (1881–1944); im Museum ist ein Teil seiner Werke im Original, der Rest digital zu sehen. Eine Ausstellung ist dem Kieselgurabbau in der Heide gewidmet (Albert-König-Str. 10, Tel. 05827 3 69, www. albertkoenig museum.de; Mai–Okt. Di.–So. 14.30–17.30 Uhr, sonst nur Sa./So.). In **Hermannsburg** (6 km südl.) ist das Ludwig-Harms-Haus (Harmsstr. 2, Tel. 05052 6 92 70, www.ludwig-harms-haus.de) Sitz der 1849 gegründeten Mission.

INFORMATION
Touristinformation Müden, Unterlüßer Str. 5, 29328 Faßberg-Müden, Tel. 05053 98 92 20, www.touristinformation-mueden.de

Genießen Erleben Erfahren

DuMont Aktiv

Im Geschwindigkeitsrausch

Nervenkitzel für jedes Alter verspricht ein Tag im Heide-Park Soltau, Norddeutschlands größtem Freizeitpark. Über 50 Fahrgeschäfte, Shows und andere Attraktionen sorgen für Action pur – eingebettet in eine Parklandschaft mit Blumen und Sträuchern.

Der Dive-Coaster „Krake“ sorgt im Heide-Park für das etwas andere Achterbahnerlebnis. Die Wagen sind bodenlos und breiter als die Fahrbahn, die Beine der mutigen Fahrgäste baumeln frei in der Luft. Aus 41 m Höhe geht es nahezu senkrecht in den Schlund eines Ungeheuers hinein, das in der Piratenbucht auf Opfer lauert.

Mit 120 Stundenkilometern sind die Wagen von „Colossos“ unterwegs, einer der schnellsten Holzachterbahnen der Welt. Kopfüber sitzt man in der Hänge-Loopingbahn „Limit“. Die „Schweizer Bobbahn“ rast durch einen stählernen Eiskanal.

Schon die Kleinsten können sich an Tempo und (fast) freiem Fall erfreuen: Neben „Scream“, einem 71 m hohen Fallturm, steht der nur 12 m hohe „Screamie“, den schon Dreijährige benutzen dürfen. Wer nicht auf Mutproben steht, findet an Kettenkarussell und Schiffschaukel Gefallen.

Auch die Shows sind auf ein breites Besucherspektrum ausgerichtet, reichen vom Kasperletheater bis zur 30-minütigen Maya- oder Piratenshow mit Akrobatik, Schauspiel, Comedy und kunstvollen technischen Effekten. Am besten unternimmt man zu Beginn eine Rundfahrt mit „Monorail“ oder „Panoramabahn“, um das Angebot auszuloten.

Heide-Park Soltau

Adresse: Heide Park 1, 29614 Soltau, Tel. 01806 91 91 01, www.heide-park.de
Öffnungszeiten: April–Anf. Nov. Einlass ab 9.00, Fahrgeschäfte ab 10.00 Uhr, Schließzeit laut Aushang vor Ort

Eintritt: Tageskarte ab 12 Jahren: 46 €, 3–11 Jahre: 39 €, Kinder unter 3 Jahren und Geburtstagskinder am Geburtstag frei; Parkplatzgebühr 6 €

Nach der feurigen Piratenshow finden Heide-Park-Besucher Abkühlung beim Rafting.

Von allem etwas

Natur und fortschrittliche Technik, moderne Kunst und ländliche Beschaulichkeit führen zwischen Uelzen, Wolfsburg und Gifhorn eine friedliche Koexistenz. Friedensreich Hundertwasser und Zaha Hadid stehen für prägnante Architektur. Fischotter und Dachs setzen einen Kontrapunkt zur „Autostadt".

Wolfsburgs „Autostadt": 25 Hektar Architektur, Design, Technik und Natur

Der Kaiser kommt: Jedes Jahr im Juli erinnert sich Bad Bevensen an Wilhelm I. und den Kronprinzen. Wie ein König soll sich der Reisende im Hundertwasser-Bahnhof in Uelzen fühlen. Schnöder Handel wird mittwochs und samstags in der Lüneburger Straße getrieben (im Uhrzeigersinn).

Friedensreich Hundertwasser hat das Städtchen Uelzen nie gesehen, und doch prägte der im Jahr 2000 verstorbene österreichische Künstler und Architekturphilosoph die Stadtentwicklung entscheidend. Denn er lieferte 1999 den Entwurf für eine Umgestaltung des kaiserzeitlichen Bahnhofs, heute die größte Touristenattraktion des Ortes. Das von Hundertwasser geschaffene, gut einen mal zweieinhalb Meter große Modell, einziger Anhaltspunkt für Projektarchitekten und Handwerker, steht im Rathaus. Wichtigste Merkmale sind die fröhliche Farbigkeit der vielgestaltigen Keramiksäulen, Vermeidung gerader Linien und ebener Flächen sowie die goldenen Kugeln, von denen Glaskuppel und Dachsäulen bekrönt sind. Das zur Weltausstellung 2000 eingeweihte Kunstwerk, an dem sporadisch immer noch weitergebaut wird, hat Uelzen neuen Schwung gebracht. In Cafés und Geschäften wimmelt es von Hundertwasser-Inspirationen, moderne Kunst nimmt im öffentlichen Raum neuerdings viel Platz ein.

Mittelalterliche Weltsicht

Hundertwassers zweite Heimat Neuseeland fehlt auf der Weltkarte, die Mitte des 13. Jahrhunderts im Kloster Ebstorf bei Uelzen entstand. Das fast vier mal vier Meter große Original auf dreißig Schafshäuten verbrannte im Zweiten Weltkrieg, konnte jedoch nach Fotografien originalgetreu rekonstruiert werden. Die Weltkarte war zur geografischen Orientierung ungeeignet, denn sie zeigte die Welt aus mittelalterlich-christlicher Sicht als kreisrunde Scheibe, deren Mittelpunkt Jerusalem bildete. Das Mittelmeer trennte die drei damals bekannten Kontinente Afrika, Europa und Asien voneinander. Dass die Karte tatsächlich in der Heide entstand, belegt die kleinteilige Darstellung der Region. Zwischen Bremen, Verden, Lüneburg, Braunschweig, Hannover und Paderborn ist links unten Kloster Ebstorf mit seinen Märtyrergräbern eingetragen.

Erinnerungen an die gute alte Zeit: Die aus dem nahen Osloß stammende Bockwindmühle von 1816 …

Auch hier wird vergangenen Zeiten gehuldigt:
Traktorentreffen im Museumsdorf Hösseringen.

… steht neben Mühlen aus fernen südlichen Ländern in Gifhorns Internationalem Mühlenmuseum.

Mehr als ein Tiergarten

Als die Weltkarte entstand, war der Fischotter in der Heide noch in großer Zahl heimisch. Flussbegradigungen, sinkende Wasserqualität, Bejagung und Autoverkehr haben dafür gesorgt, dass er inzwischen überall in Mitteleuropa vom Aussterben bedroht ist. Seiner Rettung hat sich die Aktion Fischotterschutz in Hankensbüttel verschrieben. Dort steht das jährlich von 100000 Menschen besuchte Otterzentrum, in dem Fischotter und ihre nahen Verwandten Dachs, Iltis, Hermelin, Stein- und Baummarder in ihnen gemäßer Umgebung beobachtet werden können. Der Baummarder hat hier seinen Wald, der Steinmarder seine Scheune, der Hermelin fühlt sich in der Heide am wohlsten. Für den Verein und seine fünfzig Mitarbeiter ist die Tierschau nur Teil eines umfangreichen Programms. Am Heideflüsschen Ise gelang es, den Fischotter nach über zwanzig Jahren wieder heimisch zu machen. Dazu mussten Grundstücke angekauft werden, die dann unter der Auflage zurückhaltender Nutzung als Grünland wieder verpachtet wurden. Jetzt bemüht man sich im Rahmen eines Großprojekts, Verbindungsgewässer für die Otterpopulationen in Mecklenburg-Vorpommern, Schleswig-Holstein, an der Ise, Ilmenau und Elbe zu schaffen. Dazu müssen Straßen untertunnelt und Laufbretter unter Brücken eingebaut sowie Schutzmaßnahmen für Fischteiche getestet werden. Der Otter soll sich keine Feinde unter den Menschen machen – wie beim Kormoran geschehen.

Vom Leben im Damenstift

Nur einen kurzen Spaziergang vom Otterzentrum entfernt wird das 1243 von Zisterziensern gegründete Kloster Isenhagen seit 1540 von evangelischen Stiftsdamen bewohnt. Anders als früheren Nonnen steht jeder Konventualin im Kloster eine eigene Zweizimmerwohnung mit Küche und Bad zur Verfügung. Nach ihrer Bewerbung um Aufnahme, Probewohnen und Probezeit im Kloster

Gifhorns Altes Rathaus (oben links). Blick in den Nonnenchor der Klosterkirche Ebstorf und auf das Prunkstück des Klosters: die Weltkarte (rechts). Besuch im Gifhorner Renaissanceschloss, das heute das Stadtmuseum beherbergt (unten links).

Im Hof des Gifhorner Renaissanceschlosses

Hoffmann von Fallersleben

Special

Für ein einig Vaterland

Im Hoffmann-von-Fallersleben-Museum wird deutsche Geschichte anschaulich erklärt.

Die meisten kennen ihn allenfalls als Dichter des 1841 auf Helgoland verfassten Deutschlandlieds: August Heinrich Hoffmann (1798–1874), der sich von Fallersleben nannte.

Reichspräsident Friedrich Ebert erhob 1922 Hoffmanns Text mit der Musik von Joseph Haydn zur deutschen Nationalhymne, die das Lied, auf die dritte Strophe reduziert, seit 1952 wieder ist. Der in Fallersleben – heute ein Stadtteil von Wolfsburg – geborene Dichter wollte seinem Streben nach deutscher Einheit und mehr Rechten für die Bürger in einer Zeit gerecht werden, die von Willkür der Obrigkeit, Polizei und Militär, Pressezensur und Kleinstaaterei geprägt war. Der Verlust seiner Professur, wirtschaftliche Not, Ausweisung aus Preußen, Verfolgung und Bespitzelung waren der Preis, den Hoffmann bezahlen musste.

werden die meist im Rentenalter stehenden Damen vom Ortspastor und der Äbtissin eingesegnet und übernehmen individuelle Aufgaben wie Gartenpflege oder Besucherführungen. Zum geistlichen Leben gehören verpflichtend Mittagsgebet, Wochenendschlussandacht und Sonntagsgottesdienst; ansonsten ist eine individuelle Lebensführung durchaus möglich. Zurzeit sind im Kloster noch Plätze frei!

Gifhorns Mühlenlandschaft

Bei Gifhorn sieht man sich plötzlich einem Wald von Windmühlen gegenüber, in denen der erfahrene Weltenbummler Mühlen von Mykonos, Mallorca, der Algarve, aus deutschen Landen und der Ukraine erkennt. Noch mehr überraschen der Nachbau einer russischen Holzkirche und der eines monumentalen russischen Klosters, für das Michail Gorbatschow 1996 den Grundstein legte. Es soll ein Zentrum für die Ausbildung osteuropäischer Kunsthandwerker werden, doch für den Ausbau fehlt das Geld. Das Mühlenmuseum ist nämlich das Lebenswerk einer aus Oberschlesien stammenden Familie, die es privatwirtschaftlich betreibt. Horst Wrobel, einst Werbegestalter in einem Kaufhaus und schon als Kind begeisterter Modellbauer, entdeckte an einem kleinen Mühlenmodell

Ganz im Hier und Jetzt – oder in der Zukunft:
Mondo-Club-Event (oben links) in der „Autostadt" (unten).
Von der irakischen Architektin Zaha Hadid entworfener Bau
des Wissenschaftsmuseums Phaeno (oben rechts).

seine Leidenschaft und baute seit 1977 mit etwas Hilfe von Stadt- und Landkreis Gifhorn Europas größtes Mühlenmuseum auf. Heute zählt es über 150 000 Besucher im Jahr.

Zwischen Werk und Wohnung

Zwei Buchstaben haben die erst 1938 gegründete „Stadt des KdF-Wagens bei Fallersleben“ weltbekannt gemacht: VW. Durch die „Autostadt“ wurde Wolfsburg zum Touristenmagneten. Führer und Partei stellten dem Volk in Aussicht, hier einen erschwinglichen „Kraft-durch-Freude-Wagen“ zu produzieren, doch von der Werkseröffnung 1941 bis Kriegsende wurden ausschließlich Rüstungsgüter hergestellt. Alliierter Bombenhagel zerstörte das Werk zu zwei Dritteln.

Bestand hatten die bis 1942 fertiggestellten 3000 Wohnungen auf der Südseite des Mittellandkanals. Hier gelang den Planern, was sie beabsichtigt hatten:

Durch die „Autostadt“ wurde Wolfsburg zum Touristenmagneten.

gemeinschaftsfördernde Bauweisen in viel Grün einzubinden. Der erste, bereits 1939 bezugsfertige Stadtteil Steimker Berg mit seinen 483 Wohnungen in ein- und zweigeschossigen Reihenhäusern ist heute noch ein beliebtes Wohngebiet, dem der Marktplatz Dorfcharakter verleiht. Die Straßen dort tragen zu Recht Namen wie „Unter den Eichen“, „Waldpfad“ und „Am Wiesengrund“. Die Fortschrittlichkeit des Schillerteichviertels mit seinen zwei- und dreigeschossigen, um weite, durch Torbögen erschlossene Innenhöfe angeordneten Mietshäusern wird so recht bewusst, wenn man sich die Mietskasernen und Hinterhöfe des damaligen Berlin ins Gedächtnis ruft. Bis Kriegsende war das Viertel freilich nur für Deutsche eine Heimstatt – die ausländischen Zwangsarbeiter wurden in Barackenlager gepfercht.

ZUCKER

Süße Heide – Zucker & Co.

Noch vor gut 200 Jahren galt Zucker als Luxusprodukt. Das einfache Volk verwendete bestenfalls Honig zum Süßen. Heute ist es eher umgekehrt.

Die Heideregion bringt beides hervor: köstlichen Heidehonig für den Ernährungsbewussten und Zucker als Massenprodukt für Haushalt und Industrie. In Uelzen steht die größte von fünf Zuckerfabriken der in ganz Niedersachsen und Sachsen-Anhalt aktiven Nordzucker AG. Hier werden an etwa 110 Herbst- und Wintertagen im Jahr rund acht Millionen Tonnen Zuckerrüben verarbeitet. Die Anlieferung durch Bauern und Transportunternehmen ist bis ins kleinste Detail geplant. Bis alle Rüben Ende Januar abgeliefert sind, prägen lange Rübenhalden die Felder, sind Rübentransporter ebenso auf allen Straßen unterwegs wie die Trecker mit ihren Kartoffelanhängern.

Von der Rübe zum Zucker

Auf einem Hektar Rübenacker wachsen rund 80000 Pflanzen, können sechzig Tonnen Zuckerrüben geerntet werden, und jede Rübe bringt rund 110 Gramm Zucker. Die jährliche Zuckerkampagne beginnt mit der Ernte im September. Die Blätter dienen, gleich abgeschnitten, als Dünger. Die Rüben werden meist auf den Feldern gelagert, bis die Fabrik sie abruft.

Vorgereinigt werden die Rüben in die Fabrik gebracht, überprüft, gewaschen und geschnitzelt. Mit siebzig Grad heißem Wasser löst man den Zucker aus. Der schwarz-blaue Rohsaft wird durch Zusatz von Kalk und Kohlensäure gereinigt. So entsteht der Dünnsaft mit etwa sechzehn Prozent Zuckergehalt. Mehrmaliges Verdampfen dickt ihn ein, bis sich goldgelbe Kristalle bilden. Eine Zentrifuge trennt Sirup und Kristalle. Der Sirup wird als süße Melasse den ausgepressten Rübenschnitzeln zugesetzt, die als wertvolles Viehfutter zurück auf die Höfe gehen. Die Zuckerkristalle werden erneut in Wasser gelöst, gekocht und zentrifugiert, bis nach insgesamt zwölf bis sechzehn Stunden die Raffinade als weißer Zucker von höchster Reinheit entsteht.

Der Siegeszug der Zuckerrübe

Zucker wird in Uelzen seit 1885 produziert. Damals gab es in Deutschland noch über 300 Zuckerfabriken. Anbau und Verarbeitung der Rübe war im Lauf des 19. Jahrhunderts immer lukrativer geworden. Als der Chemiker Andreas Sigismund Marggraf 1747 zum ersten Mal Runkelrüben unter-

Die jährliche Zuckerkampagne in der Heideregion beginnt mit der Ernte im September.

Zucker gibt es in vielen Farben und Formen. Verwendet wird er zum Beispiel in der Lüneburger Schokoladenmanufaktur.

suchte, besaßen sie einen Zuckergehalt von gerade einmal 1,6 Prozent. Die von seinem Schüler Franz Karl Achard um 1800 ausgewählten Zuchtrüben brachten es schon auf sechs Prozent, daraufhin ließ er 1801 in Schlesien die erste Rübenzuckerfabrik bauen. Für hundert Kilo Zucker benötigte man noch etwa 1500 Kilo Rüben – hundert Jahre später waren es nur noch 730. Als die vom napoleonischen Frankreich gegen England befohlene Kontinentalsperre (1807–1813) die Rohrzuckerpreise in die Höhe schießen ließ, wurden Forschung und Anbau mit Hochdruck betrieben. So liegt der Zuckergehalt der Heiderüben heute bei über achtzehn Prozent und die Zuckerproduktion fast komplett in den Händen dreier Großkonzerne, die dank des jüngst entschlüsselten Erbguts der Rübe und neuen biotechnischen Möglichkeiten auf eine lukrative Zukunft hoffen.

Honig statt Zucker

Vor der Entdeckung der Runkelrübe als Zuckerlieferant wurde das Süßmittel allein aus Zuckerrohr gewonnen. Ursprünglich auf Neuguinea heimisch, kam es über Indien und Arabien in den Mittelmeerraum und wurde noch vor 500 Jahren beispielsweise auf Rhodos und Zypern angebaut. Auch nach der Gründung riesiger, von Sklaven bewirtschafteter Zuckerrohrplantagen in Mittelamerika blieb Rohrzucker in Mitteleuropa ein kostbares Gut, das sich die wenigsten leisten konnten. An barocken Fürstenhöfen wie dem in Celle inszenierte man fantasiereiche Tafelaufbauten aus Zuckerguss, das einfache Volk dagegen verzehrte höchstens zwei Stück Würfelzucker im Jahr. Sein Süßstoff war Honig, den Heidebienen lieferten. Bienenzäune in freier Natur und in Freilichtmuseen erläutern die alte Technik anschaulich. Heute können die Imker sogar die Hilfe einer Zuckerfabrik in Anspruch nehmen: Nordzucker stellt unter dem Markennamen „Ambrosia“ ein Bienenfuttermittel für das blütenlose Halbjahr und andere Notlagen her.

Besuch in der Zuckerfabrik

Werksführungen werden während der Kampagne zwischen Anfang Oktober und Anfang Januar angeboten. Aus Sicherheitsgründen liegt das Mindestalter für Besucher bei 16 Jahren. Telefonische Anmeldung erbeten.

Nordzucker AG, An der Zuckerfabrik 1, 29525 Uelzen, Tel. 0581 89156, www.nordzucker.de

Maßstab 1:310.000
0
3
6km
Amelinghausen
Bad Bevensen
Medingen
Kloster
Staatsforst Göhrde
Harz-Heide-Str.
Niedersächs. Mühlenstr.
Niedersächs. Spargelstr.
Ebstorf
Wriedel
Munster
Deutsches Panzermuseum
Thonhops-B.
UELZEN
Hundertwasserbhf.
Hünengräber
Schwienau
Drawehn
Clenze
Hoher Mechtin
Schmarloh
Holdenstedt
Wrestedt
Suderburg
Große Heide
Faßberg
Hösseringer Heide
Winkelberg
Landwirtschaftsmuseum Lüneburger Heide
Landtagsplatz
Wierener Berge
Bad Bodenteich
Freilichtmus.
Naturpark Südheide
Lüßberg
Schleuse Uelzen
Weyhausen
Hankensbüttel
Wittingen
Freilichtmuseum
Diesdorf
Straße der Romanik
Eschede
Niedersächs. Spargelstr.
Deutsche Fachwerkstr.
Eldingen
Lachendorf
Wienhausen
Langlingen
Deutsche Ferienroute Alpen-Ostsee
Wahrenholz
Wesendorf
Erholungsgebiet Bernsteinsee
Großes Moor
Boldecker Land
Bickelsteiner Heide
VW-Werkversuchsgelände
Mühlenmuseum
Wasserschloss
GIFHORN
Uetze
Erse-Park
Meinersen
Barnbruch
Papenteich
Viehmoor
Allerkanal
Mittellandkanal
WOLFSBURG
FALLERSLEBEN
VORSFELDE
Edemissen
Oebisfelde
Rühen
Brome
stillgelegt
1
2
3
4
5
6

Hightech im Bauernland

Zwischen Uelzener Zuckerfabrik und Wolfsburger Volkswagenwerk prägen weite Felder die Landschaft nahe der einstigen deutsch-deutschen Grenze und dem Elbe-Seitenkanal. Alte Heideklöster und ein Freilichtmuseum bezeugen die Verbundenheit mit der Region. Moderne Kunst und Architektur setzen unerwartete Akzente.

1 Bad Bevensen

Die 1975 wegen ihrer Solequelle zum Bad erhobene Kleinstadt (8900 Einw.) besitzt am Ufer der Ilmenau den schönsten Kurpark der Heide. Zwei bedeutende Heideklöster stehen in unmittelbarer Umgebung des 1000-jährigen Ortes, der 1811 einem Großbrand zum Opfer fiel.

SEHENSWERT

Kloster Medingen ist das einzige Heidekloster im Stil des frühen Klassizismus (heute evangelisches Damenstift); seine Kirche (spätes 18. Jh.) ist kreisrund (Klosterweg 1, Tel. 05821 22 86, www.kloster-medingen.de; Führungen April–Mitte Okt. Di.–Fr. 10.00, 14.00, 15.00 und 16.00, Sa./So. 11.00, 14.00, 15.00 und 16.00 Uhr).

AKTIVITÄTEN

Die **Jod-Sole-Therme** bietet zwei ganzjährig 32 °C warme Freiluftbecken, ein Vitalbecken unter Dach, Sauna und Spa (Dahlenburger Str. 1, Tel. 05821 57 71, http://jod-sole-therme.eu; Mo.–Sa. 9.00–22.00, So. bis 20.00 Uhr).
Der **Golfplatz** (3 km nördl.; Tel. 05821 9 82 50, www.gc-badbevensen.de) hat 18 Bahnen.

UMGEBUNG

15 km südw. steht das seit 1197 dokumentierte **Kloster Ebstorf** (14. und 15. Jh.). In den farbigen Glasfenstern (um 1400) im Kreuzgang sind je einem neu- drei alttestamentarische Ereignisse zugeordnet. Wertvollstes Objekt im Klostermuseum ist die rekonstruierte Weltkarte aus dem 13. Jh. (Kirchplatz 10, Tel. 05822 23 04, www.kloster-ebstorf.de; nur mit Führung, April bis Mitte Okt. Di.–Sa. 10.00–11.00, 14.00–17.00, So. 11.15, 14.00–17.00 Uhr).

INFORMATION

Bad Bevensen Marketing, Dahlenburger Str. 1, 29549 Bad Bevensen, Tel. 05821 570, www.bad-bevensen-tourismus.de

Brauhaus der Burg Bodenteich bei Uelzen; Kloster Medingen in Bad Bevensen

2 Uelzen

Die fünftgrößte Stadt in der Region (33 400 Einw.) entwickelt sich seit einigen Jahren zu einem Zentrum zeitgenössischer Kunst im öffentlichen Raum. Alte Bausubstanz ist kaum erhalten, da die schon 1270 gegründete einstige Hansestadt 1945 noch in den letzten Kriegstagen schwer zerstört wurde.

SEHENSWERT

Der von Friedensreich Hundertwasser (1928 bis 2000) zur Weltausstellung Expo 2000 umgestaltete **Bahnhof** TOPZIEL (Urspr. 1888) ist Hauptattraktion der Stadt. Auf dem **Weg der Steine** mit 21 von der Künstlerin Dagmar Glemme bemalten Granitblöcken gelangt man zum **Alten Rathaus** (14. und 18. Jh.) und zur **St.-Marien-Kirche** (13. und 20. Jh.) mit dem in der Turmhalle ausgestellten „Goldenen Schiff“, einem wohl von einem Uelzener Kaufmann im 14. Jh. aus London mitgebrachten Tafelaufsatz aus vergoldetem Kupferblech (Pastorenstraße; Ostern–Okt. Mo.–Do. 10.00–13.00, 14.00–17.00, Fr. 10.30–12.30, 14.00–7.00, Sa./So. 14.30 bis 16.00 Uhr).

UMGEBUNG

Im 1700–1709 erbauten **Schloss Holdenstedt** (5 km südl.) präsentiert die Gläsersammlung Röver Gebrauchsgläser aus dem 17.–Anf. 20. Jh. Das Heimatmuseum zeigt Wohnkultur vom Mittelalter bis zum Jugendstil (Schlossstr. 4, Tel. 0581 60 37, www.schloss-holdenstedt.de; März–Okt. Di.–Sa. 14.30–18.00, So. ab 11.00 Uhr). Im Kneipp- und Schrothkurort **Bad Bodenteich** (17 km südl.) sind geringe Reste einer mittelalterlichen Wasserburg erhalten. Die 1836 geweihte Kirche St. Petri (Hauptstr. 9, Schlüssel im „Café Hoffmann“ schräg gegenüber) besitzt eine sehenswerte klassizistische Kassettendecke im Tonnengewölbe.

VERANSTALTUNGEN

Die **Holdenstedter Schlosswochen** stellen an drei Wochenenden Ende Aug.–Mitte Sept. Konzerte und Operngalas unter ein Motto (Tel. 0581 8 00 62 47, www.kk-uelzen.de).

INFORMATION

Stadt- und Touristinfo, Herzogenplatz 2, 29525 Uelzen, Tel. 0581 800 61 72, www.uelzen.de

„Wenn einer allein träumt, ist es nur ein Traum. Wenn viele gemeinsam träumen, ist es der Anfang einer neuen Wirklichkeit.“

Friedensreich Hundertwasser

3 Hösseringen

Bewegte Endmoränen prägen die waldreiche Landschaft um das Dorf im Hardau-Tal. Der 1936 als Gedenkstätte angelegte Landtagsplatz vor dem Museumsdorf erinnert an den Versammlungsplatz der Lüneburger Landstände zwischen dem 13. Jh. und 1652.

SEHENSWERT

Im **Museumsdorf** zeigen 26 hierher umgesetzte Originalgebäude, wie man zwischen 1600 und 1950 in der Heide lebte. An Aktionstagen wird traditionelles Handwerk vorgeführt (Am Landtagsplatz, Tel. 05826 17 74, www.museumsdorf-hoesseringen.de; Mitte März bis Okt. Di.–So. 10.30–17.30 Uhr).

AKTIVITÄTEN

Der künstlich angelegte, 8 ha große **Hardausee** lädt mit seinem Sandstrand zum Burgenbauen, Baden, Angeln und Tretbootfahren ein.

UMGEBUNG

180 Stufen führen auf den **Aussichtsturm** zwischen Hösseringen und Räber. Von der Plattform in 32 m Höhe überblickt man bei klarer Sicht weite Teile der Heide (März–Mitte Okt. tgl. 9.00–18.00, sonst bis 16.00 Uhr).

INFORMATION

Tourist-Information Suderburger Land, Räberweg 4, 29556 Hösseringen, Tel. 05826 16 16, www.suderburg.de

4 Hankensbüttel

Kleine Heideflächen umgeben den Luftkurort (4400 Einw.), der schon 1051 erstmals erwähnt wurde. Bekannt ist er für das Otterzentrum und den Isenhagener See, der aus klösterlichen Fischteichen entstanden ist.

Tipp

Café in der Schule

Mila Schrader – Verlegerin, Buchautorin, Gärtnerin und Hausrestauratorin aus Leidenschaft – hat in der alten Schule von Hösseringen ein Café mit 30 Plätzen eingerichtet und serviert in einem der beiden Klassenzimmer und im Garten hausgemachte Kuchen und Mittagsimbiss. Im zweiten Klassenzimmer ist ein Tante-Emma-Laden untergebracht. Aus der alten Lehrerwohnung in der Schule wurden vier Fremdenzimmer.

Tgl. 7.30–18.00 Uhr, warme Küche ab 11.30 Uhr; Hinter den Höfen 7, Hösseringen, Tel. 05826 71 63, www.dorfcafe-hoesseringen.de

Backhaus im Mühlenmuseum Gifhorn; Otterzentrum Hankensbüttel

SEHENSWERT

Damit man Dachs, Iltis, Hermelin, Stein-, Baummarder und Fischotter auch zu sehen bekommt, finden im **Otterzentrum Hankensbüttel** TOP-ZIEL alle 15 Min. Fütterungen statt (Tel. 05832 98 08 0, www.otterzentrum.de; April–Okt. tgl. 9.30–18.00, Febr., März, Nov. bis 17.00 Uhr). Am Ortsrand ragt das 1243 gegründete frühere Zisterzienserinnen-**Kloster Isenhagen** (heute ev. Damenstift) mit seiner gotischen Backsteinkirche (bis 1366) auf. Der Klostergarten wurde um 1750 angelegt. Das Klostermuseum zeigt u. a. Stickereien mit Süßwasserperlen der Heideflüsse (Klosterstr. 2, Tel. 05832 3 13, www.kloster-isenhagen.de; Führungen Anf. April–15. Okt. Di.–So. 13.30–16.30 Uhr, Karfreitag geschl.).

MUSEUM

Im **Klosterhofmuseum** geht es nicht um Sakrales, sondern um die Wirtschaftsstrukturen und -geschichte eines Konvents (www.museen-gifhorn.de; April–Mitte Okt. Di.–So. 14.00 bis 17.00 Uhr). Am Klosterhofmuseum beginnt der **Kloster-Rundweg**, der in rund 1 Std. Gehzeit zeigt, wie sich das Wirtschaften des Klosters auf die Landschaft auswirkte.

UMGEBUNG

In **Steinhorst** (15 km südw.) dreht sich im Schulmuseum (Marktstr. 20, Tel. 05148 40 15, www.museen-gifhorn.de; Mi.–Sa. 14.00–16.00, So. 11.00–17.00 Uhr) alles um Unterricht in vergangenen Zeiten; die NS-Zeit wird nicht ausgespart.

INFORMATION

Südheide Gifhorn Gesellschaft, Bahnhofstr 29 a, 29386 Hankensbüttel, Tel. 05832 70 66, www.suedheide-gifhorn.de

5 Gifhorn

Die Kreisstadt (42 000 Einw.) am Zusammenfluss von Ise und Aller versteht sich als modernes Automobilkompetenzzentrum mit Zulieferbetrieben für das Wolfsburger Volkswagenwerk. 1539–1549 war Gifhorn für kurze Zeit Residenzstadt eines gleichnamigen Herzogtums. Diverse Brände zerstörten die alte Stadtstruktur.

SEHENSWERT

Zur geringen historischen Bausubstanz gehören das frühere **Rathaus** (1562; Cardenap 1, heute „Ratsweinkeller"), das 1570 erbaute **Höfersche Haus** gegenüber und das **Kavaliershaus** (1546; Steinweg 3). Die schlichte Barockkirche **St. Nicolai** (1734–1744) atmet fast hörbar den Geist des Protestantismus (keine Innenbesichtigung). Noch deutlich als Wasserschloss erkennbar ist das **Renaissance-Schloss** (1525 bis 1591; gelegentlich Führungen).

MUSEEN

Eine Chance, das Gifhorner Schloss von innen zu sehen, bietet das **Historische Museum Schloss Gifhorn** mit Exponaten aus der Regionalgeschichte. Vom Museum aus sind die Emporen der Schlosskapelle zugänglich, bei deren Weihe Martin Luther anwesend war (Schlossplatz, Tel. 05371 8 24 24, www.museen-gifhorn.de; Di.–Fr. 14.00–17.00, Sa./So. ab 11.00 Uhr). Am Stadtrand liegt das **Internationale Mühlenmuseum** (Bromer Str. 2, Tel. 05371 5 54 66, www.muehlenmuseum.de; Mitte März bis Okt. tgl. 10.00–18.00 Uhr).

INFORMATION

Südheide Gifhorn Gesellschaft, Marktplatz 1, 38518 Gifhorn, Tel. 05371 93 78 80, www.suedheide-gifhorn.de

6 Wolfsburg

Wolfsburgs Geschichte und Gegenwart sind eng mit dem Volkswagenwerk verknüpft – die heutige Großstadt (123 000 Einw.) am Mittellandkanal entstand 1938 als Werkssiedlung. Mittlerweile haben Kunst und Kultur denselben Stellenwert wie Technik, Naturwissenschaften und Konsum. Selbst der Fußball-Bundesligaclub VfL Wolfsburg wirkt identitätsstiftend.

SEHENSWERT

Historisch interessant sind die **Wohnsiedlungen** aus der NS-Zeit am Steimker Berg und westl. des Schillerteichs, zwischen Goethe-,

Schiller-, Lessing- und Heinrich-Heine-Straße. Namengebend für die Stadt wurde nach dem Krieg das trutzige Weserrenaissance-**Schloss Wolfsburg** (überw. 16. Jh.), dessen ältester erhaltener Teil der Bergfried (13. Jh.; 23 m) ist. Hundert Jahre später entstand der Bergfried von **Schloss Neuhaus** (überw. 16. Jh.) im eingemeindeten Dorf Neuhaus südöstl. des Zentrums. In der im 17. Jh. in der heutigen Form entstandenen **St.-Marien-Kirche** nahe Schloss Wolfsburg hängt ein Holzkruzifix (14. Jh.) mit Echthaarperücke.

MUSEEN

140 Fahrzeuge aus dem Hause VW, darunter Unikate und Prototypen, zeigt das **Auto-Museum** (Dieselstr. 35, Tel. 05361 5 20 71, www.automuseumvolkswagen.de; Di.–So. 10.00 bis 17.00 Uhr). Wolfsburgs kulturellen Anspruch untermauert das **Kunstmuseum** mit modernen und zeitgenössischen Werken; eine Besonderheit ist der Japangarten mit Meditationsbereich (Hollerplatz 1, Tel. 05361 26 69 0, www.kunstmuseum-wolfsburg.de; Di. 11.00–18.00 Uhr). Einblicke in die Alltagskultur der Volkswagenstadt im 20. Jh. vermittelt mit kritischem Blick das kleine **Stadtmuseum** in der Remise des Wolfsburger Schlosses (Alt-Wolfsburg, Tel. 05361 82 85 40; Di.–Fr. 10.00–17.00, Sa. 13.00 bis 18.00, So. 11.00–18.00 Uhr). Im Renaissance-**Schlösschen von Fallersleben** erinnert das Hoffmann-von-Fallersleben-Museum für deutsche Dichtung und Demokratie an den Dichter und seine Zeit (Wolfsburg-Fallersleben, Schlossplatz 6, Tel. 05361 5 26 23; Di.–Fr. 10.00–17.00, Sa. ab 13.00, So. ab 11.00 Uhr). Hoffmanns Geburtshaus ist Teil des Hotels „Hoffmannhaus".

AKTIVITÄTEN

Wolfsburgs größte Attraktion ist die vom VW-Konzern geschaffene **Autostadt** **TOPZIEL** (Tel. 0800 2 88 67 82 38, www.autostadt.de; tgl. 9.00 bis 18.00 Uhr). Auf 25 ha und in diversen Gebäuden geht es um das Thema Mobilität. An Produktionstagen kann man an Werksführungen teilnehmen (10.15–16.15 Uhr). Angeboten wird auch eine Bootsfahrt entlang dem VW-Werk. Aha-Erlebnisse in Naturwissenschaft und Technik vermittelt das **Phaeno** mit über 350 Experimentier-Exponaten, Besucherlaboren und Shows in einem Bau der weltbekannten Architektin Zaha Hadid (Willy-Brandt-Platz 1, Tel. 0180 1 06 06 00, www.phaeno.de; Di.–Fr. 9.00–17.00, Sa./So. 10.00–18.00 Uhr).
Dem Himmel zugewandt gibt sich das **Planetarium** mit großem Vorstellungsprogramm (Uhlandweg 2, Tel. 05361 8 99 93 20, www.planetarium-wolfsburg.de).

VERANSTALTUNGEN

Bei den **Movimentos** Mitte April bis Ende Mai, den Festwochen der Autostadt, steht zeitgenössischer Tanz im Vordergrund, ergänzt durch Lesungen und Konzerte (www.movimentos.de).

INFORMATION

Tourist-Information, Willy-Brandt-Platz 3, 38440 Wolfsburg, Tel. 05361 89 99 30, www.wolfsburg-marketing.de

Genießen Erleben Erfahren

DuMont Aktiv

Sport und Spaß in Wolfsburg

Aufs Auto verzichten können sportliche Stadtbesucher in Wolfsburg. Die Tourist-Information im Hauptbahnhof verleiht neben Tourenrädern und Mountainbikes auch Tandems, Kinderräder sowie Anhänger für Kind und Hund. Und im Allerpark stehen Segways für Stadterkundungen bereit. Die einachsigen Gefährte mit Elektromotoren werden nur durch Gewichtsverlagerung gelenkt. Das geht ganz einfach und macht Stadtrundfahrten zum Erlebnis.

Der Klettergarten im Allerpark, Wolfsburgs citynahem Sportparadies, bietet für Erwachsene vier verschiedene Parcours. Für die Kleinen unter einem Meter Körpergröße gibt es einen Parcours auf nur 1,50 m Höhe. Selbst Romantiker kommen nicht zu kurz: Für sie ist der Kletterpark in manchen Vollmondnächten geöffnet.

Den Allersee säumt ein Sandstrand. Im Badeland ziehen Schwimmer ihre Bahnen im 28 °C warmen Wasser. Kinder vergnügen sich an den beiden 110 und 139 m langen Röhrenrutschen. Genießer lassen sich im 32 °C warmen Mediterranbecken von der Strömung treiben, springen in die Brandung des Wellenbads oder schwitzen in einer der elf Saunen. Eine Alternative für Aktive ist die nahe Wasserskianlage, die auch Wakeboarder über einen künstlichen See zieht.

Weitere Informationen

Fahrradverleih im Hauptbahnhof:
Mo.–Sa. 9.00–18.00, So. 10.00–15.00 Uhr; Tel. 05361 89 99 30

Klettergarten und Segways im Allerpark:
Tel. 0800 2 22 78 88, www.monkeyman.eu

Badeland im Allerpark:
Tel. 05361 8 90 00, www.badeland-wolfsburg.de

Wasserski und Wakeboarding im Allerpark:
Tel. 05361 609 39 89, www.wake-park.de

Wie im Urlaub im Süden: Am Sandstrand liegen, baden, auf Wasserskiern oder dem Wakeboard rasante Runden drehen – das alles geht stadtnah in Wolfsburgs Allerpark.

Naturparadies an der Elbe

Immer am oftmals noch naturnah wirkenden Fluss entlang führt die Elbuferstraße in teils kräftigem Auf und Ab von Bleckede bis Schnackenburg. Einst eingezwängt von der deutsch-deutschen Grenze, ist das Wendland mit seinen markanten Rundlingsdörfern stilles Refugium für Künstler und Kunsthandwerker, aber auch Schauplatz schriller Proteste der Atomkraftgegner.

Wenn in Böhmen der Schnee schmilzt, gibt es an der Elbe Hochwasser.

Besuch in Hitzackers Archäologischem Zentrum (oben links). Blick vom Weinberg auf das Elbestädtchen Hitzacker, durch das in der Pferdefestwoche ein historischer Umzug zieht (rechts). Dömitz am nördlichen, mecklenburgischen Elbufer besitzt eine gut erhaltene Festungsanlage (unten).

Die Eiszeiten haben die Landschaft überall in Norddeutschland geprägt. An den Steilufern der Elbe, in den Wäldern des Drawehn und in der Clenzer Schweiz wird das besonders deutlich. Die Elbuferstraße weist bis zu stattliche vierzehn Prozent Gefälle auf, in Clenze ist man stolz auf die einzige Serpentine weit und breit. Dort erzählt ein Findlingsgarten so manches über die Erdgeschichte und die Kraft der einstigen Gletscher. Die Dörfer im Wendland lassen noch immer frühe Siedlungsformen der Slawen erkennen, beeindrucken durch ihre Geschlossenheit, oftmals touristische Unberührtheit und eine dank der früheren Abgelegenheit lebendige alternative Szene, für die das allerorten zur Schau gestellte gelbe Andreaskreuz der Atomkraftgegner zum Symbol wurde.

Eiszeit in der Heide

Eines verblüfft Besucher aus südlicheren deutschen Gefilden immer wieder: Norddeutschland ist durchaus nicht überall flach. Dafür haben in der letzten halben Million Jahre drei Eiszeiten gesorgt, von denen die letzte erst vor etwa 10 000 Jah-

Eines verblüfft Besucher immer wieder: Norddeutschland ist durchaus nicht überall flach.

ren zu Ende ging. Dabei schoben sich bis zu tausend Meter mächtige Gletscher bis an den Rand der deutschen Mittelgebirge vor und transportierten unvorstellbare Geröllmengen und Felsbrocken aus Skandinavien bis in die Heide – die allgegenwärtigen Findlinge. Kam das Eis zum Stehen, türmten sich Erde und Geröll vor und neben den Gletschern zu zerklüfteten End- und Randmoränen. Vor diesen Geröllhalden und den abschmelzenden Gletschern schuf die Gewalt des Wassers breite Urstromtäler wie das der

Die Auwälder sind es gewohnt, zeitweise im Hochwasser zu stehen.

Seltener Anblick für Radwanderer: Jugendkutter auf der Elbe bei Bleckede

Der Raddampfer „Kaiser Wilhelm" verkehrt in den Sommermonaten zwischen Lauenburg und Hitzacker.

In Neu-Darchau zwischen Bleckede und Hitzacker setzt eine Autofähre zum Amt Neuhaus über.

Elbe, der Aller und der Weser. Frost sowie durch Wasser und Wind verursachte Bodenbewegungen und Sandablagerungen schliffen die meisten Altmoränen ab, die heute vorherrschende sanfte Hügellandschaft der Geest entstand. Der Begriff ist vom niederdeutschen „Güst" abgeleitet, was „unfruchtbar" bedeutet. Der Geest zum Fluss hin vorgelagert ist das fruchtbare Schwemmland der Marsch, wie sie zwischen Bardowick und Winsen an der Luhe zu finden ist.

Vom Strom geprägt

Zwischen Schnackenburg und Artlenburg trifft die Geest auf das bis zu sechzehn Kilometer breite Urstromtal der Elbe mit ihren Altarmen und Brackwassern. Jede Jahreszeit wird hier zum Erlebnis. Allein 70000 Saat- und Blässgänse zählen zu den gefiederten Wintergästen, hinzu kommen Enten, Sing- und Zwergschwäne in großer Zahl. Im Frühjahr brüten in der Elbtalaue etwa 150 Vogelarten, in fast jedem Dorf nistet mindestens ein Storchenpaar. Der Kranich rastet hier im Frühling und im Herbst, Botaniker haben ungefähr 1300 Pflanzenarten gezählt. Hinter den Deichen schließt sich an die Auenlandschaft die Elbmarsch an, bietet seltenen Vögeln wie Schwarzspecht und Seeadler Nistplätze. Bewaldet sind die eiszeitlichen Höhenzüge der Klötze und des Höhbeck, aus dem die Elbe im Lauf von Jahrtausenden bis zu sechzig Meter hohe Steilhänge angeschnitten hat.

Jenseits der Elbe

Die 97 Elbkilometer zwischen Schnackenburg und Lauenburg bildeten bis zur Wiedervereinigung einen nassen Teil der deutsch-deutschen Grenze. Dass sich Niedersachsen 1993 über die Elbe hinaus ausdehnen konnte, hat es dem Willen der knapp 5700 Bewohner des Amtes Neuhaus zu verdanken, das vor dem Zweiten Weltkrieg zur Provinz Hannover gehörte. Sie erreichten, dass

Im Urstromtal der Elbe mit ihren Altarmen und Brackwassern wird jede Jahreszeit zum Erlebnis.

Mecklenburg-Vorpommern diesen Bezirk an den Landkreis Lüneburg abtrat. Alte Obstbaumalleen prägen hier die Kulturlandschaft mit. Über dreißig anderswo längst vergessene Apfelsorten wie der „Gelbe Richard" und der „Brasilienapfel" hängen an den Bäumen. Auch die Nutztierwelt hat ein Revival zu ver-

In der Abendsonne: Lüchows Lange Straße

Die „Leinenhändlerin“ am Lüchower Marktplatz erinnert an einstiges Gewerbe.

Gespiegelte St.-Georg-Kirche in Gartow

Tschingderassabum: Schützenfeste gehören auch im Wendland unverzichtbar zum Landleben.

melden: In der Sudeniederung um Dellien weiden wieder Auerochsen, die für die Rinderwelt sind, was die Schnucke für die Schafswelt ist: Lieferant von besonders fettarmem Fleisch mit wildähnlichem Geschmack.

Runde Dörfer

Bis zur Wiedervereinigung schob sich der Landkreis Lüchow-Dannenberg mit dem Wendland als bundesdeutscher Zipfel zwischen Altmark und Prignitz weit ins „andere Deutschland". Sein Markenzeichen sind die über vierzig Rundlingsdörfer, die wahrscheinlich im Zuge der deutschen Ostkolonisation in der Mitte

Die meisten Rundlingsdörfer sind noch bäuerlich geprägt.

des 12. Jahrhunderts von Slawen angelegt wurden. Niederdeutsche Hallenhäuser gruppieren sich mit der Stirnseite um einen kreis- bis tropfenförmigen Platz, die dazugehörigen Grundstücke liegen strahlenförmig an der Hofrückseite. Die Dorfkirchen stehen fast immer außerhalb des Rundlings am Dorfrand – Indiz dafür, dass sie erst im Zuge einer späteren Christianisierung der Slawen erbaut wurden. Oft träumt im Mittelpunkt des Dorfplatzes eine Milchbank unter hohen Bäumen vor sich hin. Nur wenige Rundlinge werden – wie Lübeln mit seinem Freilichtmuseum – touristisch herausgestellt. Die meisten sind noch bäuerlich geprägt, allen voran die in der Gemeinde Lemgow, die selbst bei Wendländern in Vergessenheit geriet.

Trauung in der Bronzezeit

Am Strand oder in Windmühlen, auf Schiffen und in den Körben von Heißluftballons kann man sich inzwischen mancherorts auf der Welt trauen lassen. Im Archäologischen Zentrum von Hitzacker wird das Jawort zum Start einer Reise zurück in die Bronzezeit. Im Jahr

Schäfer und Ziegenhirt in einer Person:
Werner Meinecke in der Nemitzer Heide

Die Anlage der Rundlinge ist am besten aus
der Luft erkennbar – wie hier in Lübeln.

Farbenfrohe Ereignisse: Töpferangebot anlässlich der Kulturellen Landpartie im Rundlingsdorf Satemin ...

... und „Mützingenta" in Mützingen, Pfingsttreff der Alternativkultur

Special

Biosphärenreservat

Die Biber kehren zurück

Mit der deutschen Wiedervereinigung kehrten 1990 die Biber in die Niedersächsische Elbtalaue zurück. Die steht als Biosphärenreservat unter dem Schutz der UNESCO.

Bereits seit 1819 galten die Nagetiere hier als ausgestorben, jetzt leben wieder über 500 davon in der Elbe zwischen Schnackenburg und Lauenburg oder auch in ihren Altarmen und Nebenflüssen. Wohlhabende schätzten einst Mützen aus dichtem Biberpelz, Mönchen war der schuppige Schwanz des Tieres gottgefälliger Fleischersatz während der Fastenzeit. Vor allem aber jagten Fischer den Biber, den sie als Konkurrenten sahen. Dabei ist der bis zu 30 Kilo schwere und bis zu 1,30 Meter lange Nager ein reiner Pflanzenfresser. Er lässt sich Obst, Kräuter, Wurzeln, Blätter, Zweige und Rinde schmecken – und fällt auch deshalb mit seinen scharfen Zähnen Büsche und Bäume bis zu einem halben Meter Stammdurchmesser. Zweige braucht er außerdem zum Bau seiner Burgen. Darin leben meist drei Generationen: das monogame Elternpaar und jeweils die letzten beiden Würfe. Das „Burgtor" liegt grundsätzlich unter Wasser.

Biber sind reine Pflanzenfresser.

Seit 2011 gewährt das neue Biosphaerium in Bleckede erstmals Einblick in die Wohnwelt der meist sechs- bis siebenköpfigen Familien und ihr Verhalten im fast tausend Quadratmeter großen Freigehege.

1969 wurden bei Erdarbeiten am Jeetzelufer erstmals 3000 Jahre alte Keramikscherben und Bodenverfärbungen entdeckt, die von ebenso alten Pfostensetzungen stammten. Die Archäologen rekonstruierten daraus den Grundriss eines bronzezeitlichen Langhauses. 1987 wurden endlich sechzehn Hektar Fläche um den Fundort unter Grabungsschutz gestellt. Die Forscher konnten zwei weitere Langhäuser nachweisen, fanden Zeugnisse für menschliches Leben schon vor 4000 Jahren.

Dann entstand die Idee, die Häuser im Rahmen experimenteller Archäologie mit den zur damaligen Zeit zur Verfügung stehenden Materialien und Werkzeugen wieder aufzubauen. Daraus wurde eines der interessanten Mitmachmuseen Deutschlands. Hier Hochzeit zu feiern ist nur eine extreme Form des Mitmachens. Wer sich nicht gleich für ewig binden will, nimmt an einer der zahlreichen Aktionen des Zentrums teil. Da lernt man, ein Feuer mit Feuersteinen zu entfachen, Lehm- oder Flechtwände zu bauen, Gefäße ohne Töpferscheibe zu töpfern oder mit Langbögen zu schießen. Wer mag, kann sich aus Leder eine Tasche nähen oder mit dem Einbaum über den Hitzacker-See schippern. Sogar Übernachtungen werden angeboten. Eine Honeymoon-Suite freilich fehlt.

WENDLAND

Gorlebens andere Strahlkraft

Castor-Transporte, Demonstrationen und Polizeiaktionen bringen das kleine Dorf Gorleben immer wieder neu in die Schlagzeilen. Gorleben hat in der Region aber auch viele kreative Geister geweckt.

Straßenblockaden am Zwischenlager in Gorleben sollten Castor-Transporte aufhalten.

Ein kleiner Bootshafen, ein Hotel, eine Pension mit Kaminrestaurant und Biergarten, eine Bäckerei mit Café, eine hübsche Fachwerkkirche und ein Elbfischer, der auch Aale und Forellen räuchert. Nichts an Gorleben wäre auffällig, stünden da nicht einen Kilometer außerhalb, im Wald versteckt, hohe, von Kameras überwachte Zäune, riesige Lagerhallen und ein Bergwerk, aus dem man nichts herausholen, sondern in das man etwas hineinbringen will: hoch radioaktiven Atommüll, der noch in einer Million Jahren eine tödliche Strahlkraft haben wird. Allein in Deutschland werden davon jährlich etwa 450 Tonnen produziert, ohne dass jemand wüsste, wohin damit. Von 1995 bis 2011 wurde der Müll erst einmal nach Gorleben gebracht.

Gelbe Kreuze

Seinetwegen sind gelbe Andreaskreuze zum Wahrzeichen des Wendlands geworden. Sie stehen im ganzen Landkreis Lüchow-Dannenberg, als Protest gegen Castor-Transporte, das überirdische atomare Zwischenlager und die Prüfung der unterirdischen Salzstöcke auf ihre Eignung als Endlager. Die Anti-Atom-Bewegung im Wendland durchzieht alle Bevölkerungsschichten, ist nicht von Parteiaffinitäten abhängig. Studenten und Bauern gehören ihr ebenso an wie die in Gartow ansässige gräfliche Familie derer von Bernstorff, die weite Landstriche in der Region besitzt, samt unterirdischer Salzstöcke.

Als Endlager ungeeignet

Als der niedersächsische Ministerpräsident Ernst Albrecht 1977 verkündete, Gorleben solle Standort eines Endlagers werden, regte sich sofort heftiger Protest, der bis heute anhält. Die Demonstranten halten – wie viele Fachleute auch – die Salzstöcke wegen möglichen Grundwasserkontakts und fehlenden Deckgebirges als Endlager für völlig ungeeignet. Einige Geologen widersprechen jedoch: Die Müllbehälter würden in Salznischen deponiert, deren Öffnung mit Salz verschlossen. Salz fließe und verfestige sich, nach zehn Jahren seien die Behälter „wie eine Mücke im Bernstein“ eingeschlossen.

Im November 2012 wurden die Erkundungsarbeiten in Gorleben vorläufig gestoppt. Eine im April 2014 ein-

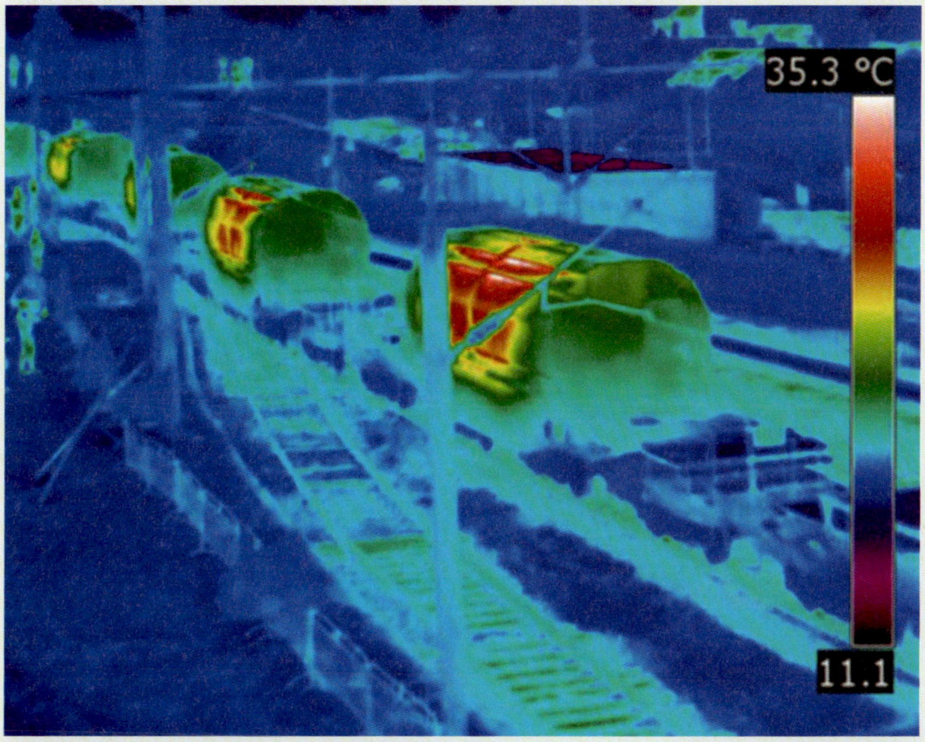

Thermografie-Aufnahme der Castor-Behälter, die den französischen Verladebahnhof Valognes verlassen. Die roten Bereiche im Innern der Behälter zeigen eine Temperatur von rund 35 Grad an.

Über anderthalb Jahrzehnte gab es heftige Proteste gegen die Castor-Behälter mit hoch radioaktivem deutschem Atommüll, der aus der französischen Wiederaufbereitungsanlage La Hague nach Gorleben gebracht wurde.

Gelbe Andreaskreuze sind Sinnbild des Protests gegen den Atommüll. Handwebmeisterin Inge Seelig war eine der ersten Vertreterinnen der Alternativkultur, für die das Wendland heute bekannt ist.

gesetzte Bund-Länder-Enquete-Kommission soll neue Kriterien für die Lagerung hoch radioaktiven Atommülls erarbeiten. Wenn die Kommission ihre Arbeit beendet hat, soll Gorleben wie jeder andere mögliche Standort anhand der Kriterien geprüft werden.

Alternative Lebensformen

So mancher Demonstrant von einst ist im Wendland geblieben. Gorleben zog Aussteiger und Menschen auf der Suche nach alternativen Lebens- und Wirtschaftsformen an. Atomkraftgegner setzten auf ökologischen Landbau und erneuerbare Energien, Künstler und Kunsthandwerker kamen. Die gelernte Handwebmeisterin Inge Seelig und ihr Mann Michael gehörten 1975 zu den Ersten, die aus der Nähe Hamburgs ins Wendland zogen und eine damals 135 Jahre alte Hofanlage in einen überregionalen Treffpunkt für Kunsthandwerker aller Art verwandelten, den „Werkhof Kukate“. Von 1985 an wurde hier ein – inzwischen ins Rundlingsdorf Satemin übersiedelter – Pfingstmarkt mit Künstlern aus ganz Europa veranstaltet.

Verhängnisvolle Sogwirkung

1989 gehörten die Seeligs zu den Initiatoren der ersten „Kulturellen Landpartie“, die mittlerweile alljährlich zwischen Himmelfahrt und Pfingsten über 50 000 Besucher anzieht. Rund 800 Künstler zeigen ihre Arbeit an über 100 Ausstellungsorten, die von den Besuchern angefahren werden – möglichst mit dem Fahrrad. Das Programmheft ist fast 400 Seiten stark.

Der Erfolg des größten alternativen Events Deutschlands droht den Organisatoren auf die Füße zu fallen. Sie fürchten, dass die politisch gedachte Veranstaltung zur Touristenattraktion verkommt. „Wir wollten nie eine Wies'n sein. Die Sogwirkung der Landpartie wurde lange unterschätzt“, heißt es in einer Pressemitteilung zur KLP 2016. Die Besucher werden gebeten, „nicht die Hotspots zu überrollen“, sondern nach den Kleinoden abseits der ausgetretenen Pfade zu schauen und so das Uranliegen der Landpartie wieder in den Fokus zu rücken – die Frage: „Was tun die Menschen hier eigentlich, wenn sie nicht demonstrieren?“

Zeigen, dass es anders geht

Anfangs lockte die Protestbewegung Kreative ins Wendland. Heute ist die Alternativkultur ein wirtschaftliches Fundament für die gesamte Region. Die soll nach dem Willen vieler ihrer Bewohner zum Modell für ganz Europa werden: 100 Prozent regenerative Energieversorgung, 100 Prozent artgerechte Tierhaltung und mindestens 50 Prozent ökologische Landwirtschaft sind das Ziel. Auch der Kampf gegen Atommüll geht weiter, denn: „Gorleben soll leben, es gibt hier kein sicheres Endlager.“

Alternativkultur im Wendland

Werkhof Kukate: Umfangreiches Kursprogramm mit Weben, Klöppeln, Töpfern u. v. m.; Gästezimmer mit Selbstversorgung. Kukate 2, 29496 Waddeweitz, Tel. 05849 4 68, www.werkhof-kukate.de

Kulturelle Landpartie: Drawehner Straße 2, 29439 Lüchow, Tel. 05841 97 69 40, www.kulturelle-landpartie.de.

Die Probleme im ebenfalls niedersächsischen Bergwerk Asse gaben den Castor-Demonstranten in Gorleben Argumentationshilfe.

Biosphärenreserv.
Flusslandschaft
Elbe-
Mecklen-
burg-
Vorpommern
Biosphärenreservat
Nieder-
sächsische
Elbtalaue
Natur-
park
Göhrde
Staatsforst
Elbhöhen-
Wendland
Griese
Gegend
Ludwigslust
Grabow
Dömitz
Hitzacker
Dannenberg (Elbe)
Lüchow
Lenzen (Elbe)
Schnackenburg
Bleckede
Dahlenburg
Uelzen
Bad Bevensen
Clenze
Wustrow
Eldena
Maßstab 1:265.000

Vielgestaltige Landschaft

Zwischen Schnackenburg und Artlenburg säumt die Elbe als naturnahester deutscher Strom die Ferienregion Lüneburger Heide. Steilufer stoßen auf Auenlandschaften, die dichten Wälder der Göhrde stehen im Kontrast zu den weiten Feldern und Äckern des Wendlands mit seinen Rundlingsdörfern.

1 Bleckede

Das über 800 Jahre alte Bleckede (9400 Einw.) ist ein guter Startpunkt für Wander- und Radtouren im nördl. Teil des Biosphärenreservats Elbtalaue. Seit jeher überquert hier eine Fähre den Fluss. Von der ehem. Burg aus dem späten 13. Jh. steht nur noch der **Rundturm** (um 1500) auf dem Gelände des **Schlosses** (ab 1600). Nach 91 Stufen blickt man vom Turm weit über die Elbtalaue (Di.–So. 9.00–18.00 Uhr). Das **Biosphaerium Elbtalaue/Schloss Bleckede** (Schlossstr. 10, Tel. 05852 95 14 14, www.biosphaerium.de; April–Okt. tgl. 10.00–18.00, sonst Mi.–So. 10.00–17.00 Uhr) informiert über das Reservat.

VERANSTALTUNGEN
Beim **Elbschloss-Festival** im Schlosshof, der Innenstadt und der St.-Jacobi-Kirche von 1766 präsentieren sich Ende Juni/Anf. Juli junge Musiker aus der Region (Tel. 05852 9 51 40, www.elbschloss-festival.de).

UMGEBUNG
Bleckede liegt an der **Deutschen Storchenstraße** (www.deutsche-storchenstrasse.de; Karte kostenlos u. a. im Biosphaerium). Viele Storchennester gibt es wenige Kilometer elbabwärts zwischen Radegast und Hittbergen.

INFORMATION
Verkehrsverein Elbtalaue, Boizenburger Str. 3, 21354 Bleckede, Tel. 05852 95 84 58, www.bleckede.de

Tipp

Schiffstour auf der Elbe

Zwischen Mai und Anf. Okt. verkehren auf der Elbe mehrmals wöchentlich die Fahrgastschiffe „Lüneburger Heide", „Hilde" und „Elise". Günstige Abfahrtshäfen sind Bleckede und Dömitz. Fahrradtransport ist auf Anfrage möglich.

Reederei Andreas Heckert, Am Wolkenfeld 15, 29476 Gusborn, Tel. 05865 98 00 31, www.elbeschiffstouren.de; **Personenschifffahrt Wilke**, Buchenweg 14, 21380 Artlenburg, Tel. 04139 62 85, www.personenschifffahrt-wilcke.de

Elbtal bei Hochwasser; Bronzezeit-Werkzeuge im Archäologischen Zentrum Hitzacker

2 Hitzacker

Die Altstadt von Hitzacker (4900 Einw.) liegt auf einer Insel im Mündungsgebiet des Flüsschens Jeetzel in die Elbe. Fachwerkhäuser dominieren das Ortsbild (Stadtrecht 1258) zu Füßen eines der nördlichsten Weinberge Deutschlands.

SEHENSWERT
Zu den schönsten Fachwerkhäusern gehört die **Drawehnertor-Schenke** an der Jeetzel-Brücke (1635; seit 1705 Gasthaus). Das ehem. **Amtshaus** (1718) beherbergt heute die Stadtverwaltung. Davor steht eine Büste des Claus von Amsberg (1926–2002); der Gemahl der niederländischen Königin Beatrix wurde auf dem nahen Gut Dötzingen geboren. 1983 fand am **Weinberg** erstmals seit 1713 wieder eine Weinlese statt; jeden Okt. wird eine Weinkönigin gekürt.

MUSEEN
Mitten in der Altstadt dient das **Alte Zollhaus** (1589; Zollstr. 2, Tel. 05862 88 38, www.museum-hitzacker.de; Di.–So. 10.00–17.00 Uhr) heute als Regionalmuseum. Das **Archäologische Zentrum Hitzacker** TOPZIEL (Elbuferstr. 2–4, Tel. 05862 67 94, www.archaeo-zentrum.de; April bis Okt. tgl. 10.00–17.00 Uhr Uhr) illustriert mit drei rekonstruierten Langhäusern, vielen anderen Objekten sowie Aktivprogrammen für Besucher (z. B. Einbaumfahrten) das Leben am Hitzacker See vor 3000 Jahren.

AKTIVITÄTEN
Der **Klötziestieg** führt auf 26,5 km Länge von Hitzacker über die Elbhöhen bis Drethem und über Wietzetze und Harlingen zurück; besonders reizvoll zur Blütezeit der orangefarbenen Feldlilien (Juni/Juli).

VERANSTALTUNGEN
Bei der **Musikwoche Hitzacker** stehen Ende Febr. Konzerte von Klassik bis Jazz in der Johanniskirche und anderswo auf dem Programm (Tel. 05862 81 97). Neuen Konzertideen möchten die **Sommerlichen Musiktage** Impulse geben (www.musiktage-hitzacker.de; letztes Juli- bis 1. Aug.-Wochenende).

UMGEBUNG
Westl. von Hitzacker erstreckt sich der 62 km² große **Staatsforst Göhrde** als größter Mischwald Norddeutschlands. Hier ließ sich Kurfürst Georg von Hannover, der 1714 König von England wurde, ein Jagdschloss errichten, von

Einbaumfahrt in Hitzacker; Grenzlandmuseum in Schnackenburg

dem nur einige Nebengebäude erhalten sind; der ehem. Marstall beherbergt das **Naturum Göhrde** mit kleinem Greifvogelgehege (König-Georg-Allee 5, Göhrde, Tel. 05855 6 75, www.naturum-goehrde.de; April–Okt. Do./Fr. 14.00 bis 18.00, Sa./So. 11.00–18.00 Uhr). Nordw. von Hitzacker steigt das Elbufer am **Kniepenberg** bis auf 86 m Höhe, die Elbuferstraße weist hier Steigungen bis zu 13 % auf. Vom Aussichtsturm auf dem Kniepenberg blickt man über die Elbtalaue bis weit nach Mecklenburg hinein.

INFORMATION

Touristik-Information, Am Markt 7, 29456 Hitzacker, Tel. 05862 9 69 70, www.elbtalaue-wendland.de

3 Dannenberg

Das Fachwerkstädtchen (8200 Einw.) in einer Jeetzelschleife bezaubert durch ruhige Ländlichkeit. Der Verwaltungssitz der Gemeinde Elbtalaue ist ein guter Ausgangspunkt für Radtouren. Ausgrabungen dokumentieren eine Siedlung bereits im 9. Jh. (Stadtrecht 13. Jh.). Der Marktplatz ist das Schmuckstück Dannenbergs. Am Rathaus von 1780 verkündet eine ewig aktuelle Inschrift: „Wi Börgers hebbn de Last dorvon un mütt datt all betahlen." Ab Mitte des 13. Jh. entstand die Johanniskirche.

MUSEUM

Im **Waldemarturm** (33 m), Rest einer mittelalterlichen Burg (um 1200), dokumentiert eine Ausstellung die katastrophalen Überschwemmungen von 2002 und 2006 (www.waldemarturm.de; April–Okt. Di.–So. 10.00–12.00, 14.00 bis 17.00 Uhr). Der Ortsteil Neu-Tramm (südl.) besitzt ein **Feuerwehrmuseum** (Am Breselenzer Weg 16; Mitte April–Okt. Mi.–Fr. 14.00 bis 17.00, Sa./So. ab 10.00 Uhr).

AKTIVITÄTEN

Golfer zieht es auf den 18-Loch-**Golfplatz** bei Braasche/Zernien (18 km westl.; Braasche 2, Tel. 05866 3 5 56, www.golfclubgoehrde.de).

EINKAUFEN

Das kleine **Kaufhaus des Wendlands** wird scherzhaft „KDW" genannt (s. S. 35).

UMGEBUNG

Am Rand des ehem. Rundlings **Breese im Bruche** (9 km südl.) sind in der Backsteinkapelle des einstigen Gutshofs Deckenmalereien (um 1595) erhalten (Voranm. bei Jutta Hinkelmann, Tel. 05964 12 19; April–Okt.). Die denkmalgeschützte Festung (16. Jh.) im Elbhafenort **Dömitz** (16 km nordöstl.) hat eine Burg des 13. Jh. zum Ursprung und ist heute Museum (www.festung-doemitz.de; Mai–Sept. Di.–Fr. 9.00–17.00, Sa./So. 10.00–18.00, sonst Di.–So. 12.00–16.00 Uhr).

INFORMATION

Gästeinformation im Alten Rathaus, Am Markt, 29451 Dannenberg, Tel. 05861 80 85 45, www.elbtalaue-wendland.de

„Wi Börgers hebbn de Last dorvon un mütt datt all betahlen."

Inschrift am Rathaus in Dannenberg

4 Lüchow

Die 850-jährige Kreisstadt (9600 Einw., Stadtrecht 1293) mit viel Fachwerk ist der geschäftigste Einkaufsort im Wendland. Besonders viele **Fachwerkhäuser,** weitgehend nach dem verheerenden Stadtbrand 1811 entstanden, stehen an der „Shopping-Meile" Lange Straße. An ihr liegt auch der Marktplatz mit der modernen Bronzeskulptur **Leinenhändlerin,** die an einstiges Gewerbe erinnert.

MUSEEN

Was ein Rundlingsdorf kennzeichnet und wie man dort früher lebte, zeigt das **Rundlingsmuseum** TOPZIEL Wendlandhof Lübeln mit originalgetreu wiederaufgebauten historischen Gebäuden (5 km westl.; Lübeln 2, Küsten, Tel. 05841 9 62 90, www.rundlingsmuseum.de; April bis Okt. tgl. 10.00–18.00 Uhr).

VERANSTALTUNGEN

Auf dem **Pfingstmarkt** in Satemin (Tel. 05841 70 92 30, www.pfingstmarkt-satemin.de; Sa. vor Pfingsten 11.00 bis Pfingst-Mo. 18.00 Uhr) zeigen Kunsthandwerker aus ganz Europa ihre Arbeit. Die **Kulturelle Landpartie** (s. S. 108) erstreckt sich über den Landkreis Lüchow-Dannenberg.

UMGEBUNG

Lüchow ist guter Ausgangsort für den Besuch der **Rundlingsdörfer** (s. auch S. 113). Wer mit dem Auto unterwegs ist, kann die Tour auf die **Clenzer Schweiz** mit dem Findlingspark Clenze ausdehnen. Dort sind 84 Findlinge als 270 m lange „Geologische Spirale" angeordnet. Einen ganzen Tag kann man mit einer Rundfahrt (ab Lüchow ca. 55 km) zu den 12 historischen Feldsteinkirchen in den häufig als Rundling angelegten Dörfern der Gemeinde **Lemgow** (südöstl.) verbringen. Ihr zentrales Gotteshaus ist die auf freiem Feld erbaute Hohe Kirche zwischen Schweskau und Volzendorf. Turm und

Tipp

Marionettentheater

Gleich neben dem Dannenberger Waldemarturm erwachen im ehemaligen Feuerwehrhaus Marionetten zum Leben. Bis zu 55 Zuschauer können an etwa 50 Tagen im Jahr eines der Stücke aus dem Repertoire des Hauses genießen, von Märcheninszenierungen bis zum altdeutschen Faust-Spiel.

MARIONETTENTHEATER DANNENBERG
Am Waldemarturm, 29451 Dannenberg, Tel. 05665 4 83, www.marionettentheater.de

Chor stammen aus dem 13./14. Jh., der Mittelteil wurde 1770 barock erneuert. In **Volzendorf** birgt die St.-Petri-Kapelle (14. Jh.) mittelalterliche Wandmalereien. Weitere mittelalterliche Kapellen stehen in Schmarsau, Prezier, Schweskau und Bockleben.

INFORMATION
Tourismusverein Region Wendland, Amtshof 2 a, 29439 Lüchow, Tel. 05841 12 64 50, www.region-wendland.de

5 Gartow

Das seit 1226 nachweisbare Straßendorf ist dank seinem 67 ha großen See zum familienfreundlichen Urlaubsort geworden, weist aber nur wenig historische Bausubstanz auf. Am östl. Ortsende steht nahe dem Ufer der Seege das private barocke **Herrenhaus** der Familie von Bernstorff (1727). Zugänglich ist die dazugehörige **St.-Georg-Kirche** (1724).

AKTIVITÄTEN
Baden kann man im Gartower See und in der **Wendland-Therme** (Am Helk 1, Tel. 05846 4 44, www.wendlandtherme.de; Mo. 12.00–19.00, Di.–Fr. 9.00–21.00, Sa./So. 9.00–19.00 Uhr).

VERANSTALTUNGEN
In der St.-Georg-Kirche Konzerte des **Orgel-Sommers** (Juli–Mitte Aug. Mi. 18.00 Uhr; www.elbe-kirchen.de), in Schnackenburg bei **Schubertiaden** in der St.-Nikolai-Kirche Klassik und Jazz (Mitte Aug.; Tel. 05840 12 34, www.schubertiadenschnackenburg.de; freier Eintritt).

UMGEBUNG
Im einstigen Binnenschifferort **Schnackenburg** (8 km östl.) erklärt das Grenzlandmuseum in einem alten Fischerhaus an der Elbe anschaulich den Alltag der NVA-Grenzsoldaten und des Bundesgrenzschutzes in den Jahrzehnten der deutschen Teilung (Am Markt, Tel. 05840 2 25, www.museum-schnackenburg.de; März/April Mo.–Fr. 10.00–16.00, Sa./So. 13.00 bis 16.00, Mai–Okt. So.–Fr. 10.00–17.00, Sa. 13.00 bis 17.00 Uhr, sonst kürzer). Vom Museum betreut wird auch ein 10 km langer **Grenzlehrpfad** zwischen Schnackenburg und Gartow mit Wachtturm und einstiger Grenzübergangsstelle. Als schönste Heidefläche im Wendland gilt die **Nemitzer Heide** (10 km südw.; s. S. 21).
Ein hölzerner Aussichtsturm steht auf dem bewaldeten, 75 m hohen **Höhbeck** (7 km nördl.) nahe einem karolingischen Burgwall (um 810; „Schwedenschanze").
In **Gorleben** (10 km westl.) informiert eine kleine Ausstellung des Bundesamts für Strahlenschutz aus seiner Sicht über die Castor-Transporte sowie die Zwischen- und Endlagerung radioaktiver Abfälle (Lüchower Str. 8, Tel. 05882 1 01 46, www.gns.de).

INFORMATION
Tourist-Information, Springstr. 14, 29471 Gartow, Tel. 05846 3 33, www.elbtalaue-wendland.de

Genießen Erleben Erfahren

DuMont Aktiv

Radtour durchs Wendland

Zu typischen Rundlingsdörfern führt eine familienfreundliche, etwa 45 km lange Rundfahrt über durchgehend asphaltierte, nahezu autofreie Sträßlein und Wege. Beim Radeln durch Felder und Wälder erlebt man hautnah die ursprüngliche Ländlichkeit der Region.

Los geht's am Lüchower Rathaus, auf einem Radweg entlang der B 248 Richtung Westen. Nach 2,1 km biegt ein Asphaltsträßlein links ab. Im Rundling Reetze findet sich ein erster typischer Dorfplatz mit Milchbank. In Satemin, wo alle Fachwerkhöfe nach einem Brand 1850 im selben Stil neu errichtet wurden, warten eine Töpferei und zwei Cafés. Über Jabel mit zwei ungewöhnlich farbig gestrichenen Höfen geht es weiter nach Meuchefitz mit besonders schöner Kirche und einem Gasthof, der Anti-Atom-Aktivisten ein geschätzter Treffpunkt ist.

Diahren gilt als eines der schönsten Rundlingsdörfer. Über Bischof erreicht man Waddeweitz, den Wendepunkt der Tour. Kurz darauf lohnt der Werkhof Kukate mit seinen Kunstausstellungen einen Besuch, bevor in Karmitz eine Solarstrom-Mosterei mit eigener Streuobstwiese auf dem Programm steht.

Ganz in der Nähe bietet der Angelteich an der Beutower Mühle entspannte Idylle. Storchennest und Imkerei sind die Attraktionen von Beutow. In Belitz kann man sich im Gasthaus stärken. Den Schlussakkord setzt das besuchenswerte Museumsdorf Lübeln.

Weitere Informationen

Ausschilderung: Die Strecke ist perfekt ausgeschildert („Tour 13").
Picknick: Zwischen Satemin und Belitz gibt es auf ca. 30 km keine Einkehrmöglichkeit. Also ausreichend Verpflegung und Getränke mitnehmen!
Fahrradverleih: Triebe-Zweiräder, Tarmitzer Straße 51, 29439 Lüchow, Tel. 05841 43 84
Angelteich Beutower Mühle: Forellen und Aale, Do.–Mo. 5.00–17.00 Uhr, Tageskarte ab 20 €; Tel. 0171 1 75 85 50, www.facebook.com/AngelteichBeutow

Mit Muskelantrieb erschließt sich das Wendland gemächlich, genüsslich – und umweltfreundlich.

Romantische Unterkünfte

Auf dem Lande schlafen

Wer auch in seinen Träumen die Heide inhalieren möchte, schläft auf dem Land in kleinen Dörfern oder direkt im Naturschutzpark. Dort wartet eine gute Auswahl romantischer Hotels in alten Heidehöfen oder Herrenhäusern auf den Gast, der sich lieber von Hähnen und Heidschnucken wecken lässt als von Motoren.

1 Josthof

Seit Ende 2015 unter neuer Leitung und gründlich renoviert, bietet das Hotel gleich neben der Dorfkirche seit Jahrzehnten Heideromantik auf höchstem Niveau. Außen stellen Fachwerk und Reetdach den Bezug zur Region her, innen dominieren helle nordische Möbel die komfortablen Zimmer und Suiten.

Das Hotelrestaurant gehört zu den besten des Nordens. Und in der Bar gleich neben der Rezeption (aber nur hier!) darf, typisch norddeutsch-liberal, immer noch geraucht werden.

Am Lindenberg 1,
21376 Salzhausen,
Tel. 04172 9 09 80,
www.josthof.de

2 Landhaus Calluna

Zur Zeit der Heideblüte kann Undeloh die touristische Heidehölle sein. Aber auch die hat ihre Reize – vor allem wenn man abseits des Trubels in den kosmopolitischen Themenzimmern des kleinen Privathotels Calluna wohnt. Da nächtigt man wahlweise in Marrakesch oder Windhuk, in der Heide oder im Rote-Rosen-Studio.

Heimbucher Straße 36,
21274 Undeloh,
Tel. 04189 5 93,
www.landhaus-calluna.de

3 Landhaus Haverbeckhof

Ganz zentral im Herzen des Naturschutzparks steht das Hotel, das dem Verein Naturschutzpark gehört. Mehrere Radwanderwege und sogar zwei Wanderwege für Rollstuhlfahrer führen direkt am Haus vorbei, das in vier historischen Gebäuden 25 Zimmer bietet. Im angeschlossenen Hotelrestaurant werden überwiegend Produkte aus vereinseigener Landwirtschaft und Viehzucht verwendet.

Niederhaverbeck 2,
29646 Bispingen,
Tel. 05198 9 89 80,
www.hotel-haverbeck.de

4 Hof Tütsberg

Auch der Hof Tütsberg gehört dem Verein Naturschutzpark. Das Hotel im reetgedeckten Haus aus dem 19. Jahrhundert und in Nebengebäuden aus den 1920er-Jahren findet sich auf dem Gelände eines noch aktiven ökologischen Landbaubetriebs, Pferde und Schnuckenherde inklusive. Der Wanderweg zum Wilseder Berg beginnt gleich neben dem Schnuckenstall. Das Hotelrestaurant hat einen exzellenten Ruf.

Hof Tütsberg,
29640 Schneverdingen-Heber, Tel. 05199 9 00,
www.hotel-hof-tuetsberg.de

5 Zum Heide-museum

Wie schläft es sich in einem Dorf ohne Autos? Das wissen Sie, wenn Sie hier einfach, aber einzigartig übernachtet haben. Als Wecker dient das Vogelgezwitscher, für Langschläfer übernehmen die ersten Pferdekutschen diese Funktion. Für die meisten der 31 Zimmer stehen zwar nur Etagenbäder zur Verfügung, aber die Übernachtungspreise werden dem Komfortverzicht gerecht.

Wilsede 9,
29646 Bispingen-Wilsede,
Tel. 04175 2 17,
www.zum-heidemuseum.eu

6 Landhotel Bauernwald

Zwischen der schönsten Dorfstraße der Heide, der historischen Dorfkirche und dem kleinen Flüsschen Wietze steht seit 1840 der Heidehof. Er ist jetzt ein Hotel, in dem sich die aus Müden stammende Familie Dickow besonders herzlich um ihre Gäste kümmert. Im Hotelgarten lässt sich gut der ganze Tag verträumen, und beim Frühstück blickt man ungetrübt ins Grüne.

Alte Dorfstraße 8,
29328 Müden an der Örtze,
Tel. 05053 9 89 90,
www.landhotel-bauernwald.de

7 Hotel am Kloster

Schlafen mit sozialem Touch ist in Klosternähe besonders angesagt. Das Hotel in einem alten Heidehof mit Mühlenteich und Wassermühle wird von der Lebenshilfe Celle betrieben und bietet in seinen drei Fachwerkbauten 24 moderne Zimmer und Apartments. Einzigartig: Telefonate in alle Welt sind von hier aus kostenlos! Toll für Radwanderer: Reparatur- und Wartungsservice im Haus!

Mühlenstraße 6–7,
29342 Wienhausen,
Tel. 05149 18 55 50,
www.hotel-wienhausen.de

8 Markthof Satemin

Der ehemalige Fachwerkhof, ein fürs Wendland typisches niedersächsisches Hallenhaus, liegt direkt an einem der schönsten Dorfplätze der Rundlingsregion, Milchbank und alte Bäume vor der Tür inklusive. Der frühere Stall ist jetzt Café-Restaurant. Fahrrad- und E-Bike-Verleih für Hausgäste gehören dazu.

Satemin 25,
29439 Lüchow-Satemin,
Tel. 05841 70 92 30,
www.markthof-satemin.de

9 Herrenhaus Salderatzen

Radios, Fernseher und Tabakqualm sind in den vierzehn Hotelzimmern tabu. Ansonsten hält man wenig von Einschränkungen: Paarweise oder einzeln, homo- oder heterosexuell, jung oder alt – jeder soll sich hier wohlfühlen. Die Zimmer stehen jeweils unter einem anderen Motto, von „Eisbär“ über „Leuchtturm“ oder „Rose“ bis „Schweinebucht“.

Salderatzen 3,
29496 Salderatzen/Wendland, Tel. 05849 97 10 18,
www.salderatzen.de

Pferdekutschen sind in der Lüneburger Heide Teil des öffentlichen Nahverkehrs.

Service

Wie kommt man hin, und wie bewegt man sich vor Ort? Was isst man dort, und wo schläft man? Hier steht alles, was Sie über die Lüneburger Heide wissen müssen.

Anreise

Auto: Die Ferienregion Lüneburger Heide liegt etwa zwischen den Autobahnen A 1 Bremen–Hamburg, A 2 Hannover–Berlin und A 27 Bremen–Walsrode. Außerdem wird sie von der A 7 Hannover–Walsrode–Hamburg durchschnitten. Vom Autobahnkreuz Maschen südl. Hamburg führt eine Stichautobahn bis Lüneburg. Fernab jeder Autobahn liegt insbesondere das Wendland. (Siehe auch Elbbrücken/-fähren.)

Zug: Der einzige vollwertige ICE-Bahnhof in der Region ist Wolfsburg. Auf der Strecke zwischen Hamburg und Hannover halten ICE-Züge in Lüneburg, Uelzen und Celle nur zu Tagesrandzeiten. Ansonsten wird die Strecke per IC befahren. Regionalzüge verbinden Bremen mit Soltau, Munster und Uelzen sowie Uelzen mit Dannenberg im Wendland und Uelzen mit Berlin. Fahrplanauskünfte auf www.bahn.de.

Bus: Berliner können per Bus in einige Heideorte reisen. Zielorte sind Bad Bevensen, Celle, Gifhorn, Lüneburg, Soltau, Uelzen, Winsen/Luhe und Wolfsburg. Fahrplanauskünfte auf www.berlinlinienbus.de.

Flugzeug: Die nächstgelegenen Verkehrsflughäfen sind Hamburg, Hannover und Bremen.

Elbbrücken/-fähren: In der ganzen Lüneburger Heide gibt es nur bei Dömitz eine Elbbrücke. Flussaufwärts folgt die nächste Brücke bei Wittenberge, flussabwärts bei Lauenburg bzw. Geesthacht. Dafür verbinden mehrere Fähren die beiden Elbufer: zwischen Schnackenburg und Lütkenwisch (ganzj., auch Lkw, Tel. 03877 56 43 62), Pevestorf und Lenzen (ganzj., auch Lkw, Tel. 038792 76 65), Hitzacker und Bitter (April–Mitte Okt., keine Pkw/Lkw, Tel. 0160 5 96 96 68), Neu-Darchau und Darchau (ganzj., auch Lkw, Tel. 05853 13 56) sowie Bleckede und Neu-Bleckede (ganzj., auch kleine Lkw und kleine Wohnmobile, Tel. 05852 22 55). Im Winter und bei extremem Hochwasser wird der Fährbetrieb zeitweise eingestellt – im Zweifelsfall anrufen!

Tipp

Kostenlos Bus fahren

Auch ohne Auto kann man im Sommer viel von der Heide sehen – und das zum Nulltarif. Der **Entdeckerbus** erschließt von Anfang Juni bis Anfang Oktober ab Uelzen an jedem Freitag, Samstag und Sonntag auf drei verschiedenen Linien fünfmal täglich die umliegenden Heideregionen (www.heideregion-uelzen.de). Der **Lüneburger-Heide-Radbus,** der zwischen Anfang Juli und Mitte Oktober samstags und sonntags viermal täglich ab Lüneburg verkehrt, nimmt auch Fahrräder mit (www.schoene-heide.de). Eine kostenlose Fahrradmitnahme ist auch beim **Heide-Shuttle** möglich, der zwischen Mitte Juli und Anfang Oktober große Teile des Naturschutzparks und der umliegenden Orte mit vier Ringbuslinien erschließt (www.bispingen-touristik.de). Mehrere Linien halten auch an Bahnhöfen und bieten direkten Anschluss an Metronom-Züge aus Hannover und Hamburg. Eine Vorreservierung für die Busse ist nicht möglich.

Auskunft

Es gibt keine zentrale Auskunftsstelle für die gesamte Ferienregion. Wer sich umfassend informieren möchte, sollte mindestens diese vier Auskunftsbüros kontaktieren:

Lüneburger Heide GmbH, Wallstr. 4, 21135 Lüneburg, Tel. 04131 2 98 98 08 01, www.lueneburger-heide.de

Erlebniswelt Lüneburger Heide GmbH, Am Alten Stadtgraben 3, 29614 Soltau, Tel. 05191 82 82 89, www.erlebniswelt-heide.de

Celle Tourismus und Marketing GmbH, Markt 14–16, 29221 Celle, Tel. 05141 90 90 80, www.celle-tourismus.de

Tourismusverein Region Wendland, Amtshof 2 a, 29439 Lüchow, Tel. 05841 12 64 50, www.region-wendland.de

Essen und Trinken

Fleisch und Wurst von der **Heidschnucke** sind die exklusive Spezialität, vielfältig auch die **Wildgerichte.** Wie in weiten Teilen Norddeutschlands wird im Winter **Grünkohl** mit Kassler und Bregenwurst angeboten, in der Nordheide auch mit Schweinebacke. **Kartoffeln** und **Spargel** werden in der Heide angebaut. **Steinpilze** wachsen vor allem in der Göhrde. Die Elbe und viele Fischteichbetriebe sorgen für frischen **Süßwasserfisch;** mehrere Räuchereien verarbeiten auch importierte Aale und Seefische. Eine süße Spezialität sind neben **Heidehonig** Kuchen, Torten und Pfannkuchen aus Buchweizenmehl. **Buchweizen** – kein Getreide, sondern ein Knöterichgewächs – war früher eine wesentliche Ernährungsgrundlage der Heidebewohner, heute wird er verstärkt wieder

Außer Tigern hat der Serengeti-Park Hodenhagen viele andere wilde Tiere zu bieten – und einen Freizeitpark mit Fahrgeschäften.

angebaut. Als heidetypisch dürfen auch **Butter- und Streuselkuchen** gelten, die bei sommerlichen Mühlen- und Backfesten häufig ofenwarm genossen werden. Eine gesunde Spezialität ist die **Holunderbeersuppe.**

Groß ist die Auswahl an **Säften**. Deutschlandweit vertriebene Biosäfte kommen aus dem Höhbeck bei Hitzacker, eine regionale Süßmosterei ist in Bleckede angesiedelt. Sie produziert auch hervorragende Obst- und Beerenweine. **Biere** werden in Celle, bei Clenze, in Gifhorn, Lüneburg, Wienhausen und Wittingen gebraut. Berühmteste **Spirituose** der Heide ist der Celler Ratzeputz auf Ingwerbasis; darüber hinaus werden diverse andere Kräuterliköre und Kornbrände kredenzt.

Eine gute Hilfe bei der Auswahl von Restaurants und Hofcafés, die sich der **regionalen Esskultur** verschrieben haben, sind Aufkleber, die auf blauem Grund eine weiße Kochmütze samt Messer und Gabel zeigen. Etwa 30 Betriebe sind der Initiative angeschlossen, die das kulinarische Erbe der Heide wahren will (www.regionale-esskultur.de).

Freizeitparks

Größter Freizeitpark Norddeutschlands ist der **Heide-Park Soltau.** Ein viel geringeres, aber auch für Kinder unter 10 Jahren geeignetes Angebot mit Schwerpunkten auf Zauberei und Märchen hält der **Magic Park Verden** – westl. von Walsrode, etwas außerhalb der Region – bereit (Heideweg 3, 27283 Verden/Aller, Tel. 04231 66 11 10, www.magicpark-verden.de). Ein Freizeitpark mit vielen Fahrgeschäften gehört auch zum **Serengeti-Park Hodenhagen** (Am Serengetipark 1, 29693 Hodenhagen, Tel. 05164 9 79 90, www.serengeti-park.de).

Hotels (Auswahl)

Preiskategorien

€€€€	Doppelzimmer	über 200 €
€€€	Doppelzimmer	150 – 200 €
€€	Doppelzimmer	100 – 150 €
€	Doppelzimmer	50 – 100 €

Bad Bevensen: €€ Fährhaus, Am Mühlenweg 1, 29549 Bad Bevensen, Tel. 05821 50 00, www.hotelfaehrhaus.de. Traditionshaus mit großer Wellnesslandschaft. Parkplätze, Restaurant, Lift, Hunde erlaubt. 46 Zi., 9 Suiten.

Bad Fallingbostel: € Park Hotel Berlin, Düshorner Straße 7, 29683 Bad Fallingbostel, Tel. 05162 90 00 60, www.hotel-berlin-online.de. Gepflegtes Haus mit parkähnlicher Gartenanlage. Parkplätze, Restaurant, Bootsverleih, Hunde erlaubt. 20 Zi.

Bispingen: € Rieckmanns Gasthof, Kirchweg 1, 29646 Bispingen, Tel. 05194 95 10, www.hotel-rieckmann.de. Heidegasthof mit hellen Zimmern. Parkplätze, Restaurant, Hunde erlaubt. 19 Zi., 2 App.

Buchholz in der Nordheide: € Frommann, Harburger Straße 8, 21244 Buchholz, Tel. 04181 28 70, wwwhotelfrommann.de. Moderne Zimmer in familiengeführtem Traditionshotel. Parkplätze, Restaurant, Schwimmbad, Hunde erlaubt. 49 Zi.

Celle: €€€€ Fürstenhof Celle, Hannoversche Straße 55, 29221 Celle, Tel. 05141 20 10, www.fuerstenhof-celle.com. Im 1670 errichteten Palais umgibt den Gast feudale Gediegenheit. Restaurant Endtenfang mit mediterran orientierter Küche. Parkplätze, Wellness, Hunde erlaubt. 68 Zi., 5 Suiten.

Dannenberg: € Alter Markt, Am Markt 9, 29451 Dannenberg, Tel. 05861 3 45, www.hotel-gundelfinger.de. Fachwerkhaus aus dem 15. Jh. Parkplätze, Restaurant, Reitmöglichkeit, Hunde erlaubt. 13 Zi., 1 Suite.

Egestorf: € / €€ Egestorfer Hof, Lübberstedter Straße 1, 21272 Egestorf, Tel. 04175 4 80, www.egestorferhof.de. Familiäres Haus mit Zimmern im altdeutschen Stil. Parkplätze, Restaurant, Fahrradverleih, Reitmöglichkeit, Hunde erlaubt. 18 Zi., 3 Suiten, 7 App.

Gifhorn: € Morada Isetal, Bromer Straße 4, 38518 Gifhorn, Tel. 0800 1 23 14 14, www.isetal.morada.de. Gut geführtes Haus im Norden der Stadt. Parkplätze, Restaurant, Wellness. 137 Zi., 2 Suiten, 6 App.

Lübeln: € Kartoffel-Hotel, Lübeln 1, 29482 Küsten-Lübeln, Tel. 05841 13 60, www.kartoffel-hotel.de. Die Kartoffel ist im gesamten Hotel präsent – besonders auch im Restaurant. Parkplatz, Wellness. 31 Zi.

Lüchow: € Landgasthof Rieger, Dörpstroat 33, 29488 Lüchow-Dangenstorf, Tel. 05883 6 38, www.landgasthof-rieger.de. Bauernhaus mit geräumigen Zimmern im Landhausstil. Parkplätze, Restaurant, Fahrradverleih, Hunde erlaubt. 12 Zi., 2 Suiten, 1 App.

€ Markthof, Satemin 25, 29439 Lüchow-Satemin, Tel. 05841 70 92 30, www.markthof-satemin.de. Parkplätze, Reitmöglichkeit, Hunde erlaubt. 6 Zi., 5 App., 3 Ferienw.

Lüneburg: €€€ Bergström, Bei der Lüner Mühle, 21335 Lüneburg, Tel. 04131 30 80, www.bergstroem.de. Ein aus 7 Gebäuden bestehendes Ensemble, umgeben vom Wasser der Ilmenau. Sport- und Wellnessbereich. Parkplätze, 2 Restaurants, Reitmöglichkeit, Hunde erlaubt. 110 Zi., 15 Suiten.

Rosengarten: € Rosengarten, Woxdorfer Weg 2, 21224 Rosengarten-Tötensen, Tel. 04108 59 50, www.hrr-online.de. Ruhig gelege-

Info

Daten & Fakten

Lage und Verwaltung: Die Lüneburger Heide ist nicht streng geografisch oder verwaltungsmäßig definiert, der Begriff wird vielmehr vom Tourismus-Marketing geprägt. Ihre ungefähren Grenzen bilden die Elbe, die Autobahn A 2 zwischen Bremen und Hamburg, die A 1 zwischen Hannover und Wolfsburg, die A 7 zwischen Hannover und Walsrode sowie die A 27 zwischen Walsrode und Bremen. Neun Landkreise und die kreisfreie Stadt Wolfsburg haben Anteil an der Heide. Größte Städte sind Wolfsburg (123 000 Einw.), Lüneburg (74 000 Einw.), Celle (68 700 Einw.), Gifhorn (42 000 Einw.), Uelzen (33 400 Einw.).

Wirtschaft: Lüneburg profitiert davon, dass es in der Metropolregion Hamburg liegt. Wolfsburg und der Landkreis Gifhorn sind vom Volkswagenwerk samt Zulieferern geprägt. Gifhorn, Celle und weitere Landkreise in der Südheide haben sich der Metropolregion Hannover-Braunschweig-Göttingen angeschlossen. So sind im Landkreis Lüneburg mit seinen 176 000 Einw. und 5000 Unternehmen nur 2 % der Bevölkerung in der Land- und Forstwirtschaft und nur 3 % der sozialversicherungspflichtigen Arbeitnehmer im Gastgewerbe tätig. Dagegen arbeiten 17 % im Handel, 22 % im verarbeitenden Gewerbe und 25 % im privaten und öffentlichen Dienstleistungssektor. Auch im scheinbar so ländlich geprägten Wendland leben nur noch 4 % der Berufstätigen von Land- und Forstwirtschaft, aber 33 % von Tätigkeiten im verarbeitenden Gewerbe. In der Landwirtschaft sind Speise- und Stärkekartoffeln sowie Zuckerrüben von überragender Bedeutung.

Ob blau, gelb oder holzvertäfelt – Hauptsache, man speist behaglich: Josthof in Salzhausen (links oben), Herrenhaus Salderatzen (links), Gasthaus zum Heidemuseum (oben; s. S. 115).

nes Hotel in der Nordheide. Restaurant mit Regionalküche, Parkplätze, Sauna, Hunde erlaubt. 28 Zi., 1 Suite, 18 App.

Soltau: € / €€ Soltauer Hof, Winsener Straße 109, 29614 Soltau, Tel 05191 96 60, www.soltauer-hof.de. Landhotel inmitten eines Parks mit alten Bäumen. Parkplätze, Restaurant, Sauna, Hunde erlaubt. 48 Zi., 4 Suiten, 5 App.

Uelzen: € / €€ Hotel am Hammersteinplatz, Lüneburger Straße 4, 29525 Uelzen, Tel. 0581 9 08 10, www.hotel-am-hammersteinplatz.de. 2012 am historischen Hammersteinplatz im Herzen von Uelzen eröffnet. Restaurant, Parkplätze. 34 Zi.

€ Holdenstedter Hof, Holdenstedter Straße 64, 29525 Uelzen-Holdenstedt, Tel. 0581 97 63 70, www.holdenstedterhof.de. Kleines, familiäres Landgasthaus mit besonderem Flair. Viel gelobtes Restaurant mit schöner Sommerterrasse. Parkplätze, Reitmöglichkeit, Hunde erlaubt. 4 Zi.

Visselhövede: € Röhrs Gasthaus, Neuenkirchener Straße 3, 27374 Visselhövede-Hiddingen, Tel. 04262 9 31 80, www.hotel-roehrs.de. In siebenter Generation familiengeführtes stilvolles Hotel. Restaurant mit regionaler Küche. Parkplätze, Hunde nicht erlaubt. 38 Zi.

Walsrode: € / €€ Landhaus Walsrode, Oskar-Wolff-Straße 1, 29664 Walsrode, Tel. 05161 9 86 90, www.landhaus-walsrode.de. Stimmungsvolles Ambiente in landestypischem ehem. Bauernhaus. Parkplätze, Fahrradverleih, Hunde erlaubt. 18 Zi., 1 Suite.

Wienhausen: € / €€ Landhotel Klosterhof, Dorfstraße 16, 29342 Wienhausen-Oppershausen, Tel. 05149 9 80 30, www.landhotel-klosterhof.de. Refugium in der Südheide. Parkplätze, Restaurant, Sauna, Hunde erlaubt. 34 Zi.

Winsen/Luhe: € / €€ Zur Heideschenke, Harburger Straße 2, 29308 Winsen-Wolthausen, Tel. 05143 66 20, www.heideschenke.de. Reizender historischer Landgasthof, in dem schon Hermann Löns immer wieder logiert hat. Gemütliches Restaurant mit Regionalküche, Biergarten unter alten Linden, Parkplätze, Sauna, Hunde erlaubt. 9 Zi., 1 Suite, 1 App.

Wolfsburg: €€€€ The Ritz-Carlton, Stadtbrücke, 38440 Wolfsburg, Tel. 05361 60 70 00, www.ritzcarlton.com. Ein harmonisch integriertes Businesshotel mit gelungenem Zusammenspiel von Design, Kunst und Architektur. Parkplätze, Restaurant, Wellness. 153 Zi., 21 Suiten.

Reisezeit

Zwischen Ostern und Ende Oktober ist die Heide ganz auf Urlauber eingestellt. Hochsaison ist die Zeit der Heideblüte im August und September. Daher sind im Winter viele Museen und einige Hotels außerhalb der Städte geschlossen.
Städteurlauber müssen bedenken, dass die Südheide zwischen Celle und Wolfsburg zum Einzugsbereich der Messestadt Hannover zählt, sodass hier zu Messezeiten viele Hotels ausgebucht sind.

Info

Geschichte

3. Jt. v. Chr.: Jungsteinzeitliche Besiedlung.
2. Jt. v. Chr.: Germanische Besiedlung.
3.–6. Jh.: Herausbildung des Stammes der Sachsen.
772–785: Unterwerfung und Missionierung der Sachsen durch den Frankenherrscher Karl den Großen.
795: Erste Erwähnung Lüneburgs.
Um 950: Markgraf Hermann Billung, Herzog von Sachsen, baut eine Burg in Lüneburg.
956: Das Michaeliskloster in Lüneburg erhält von Kaiser Otto I. das Zollrecht für das Lüneburger Salz.
1137: Die Welfen, bis dahin Herzöge von Bayern, erlangen durch Heirat auch das Herzogtum Sachsen.
1189: Zerstörung Bardowicks durch Heinrich den Löwen im Zuge der Auseinandersetzung mit Kaiser Friedrich I. Barbarossa.
1209: Stadtrecht für Bleckede.
1235: Herzog Otto das Kind, Enkel Heinrichs des Löwen, überträgt die ihm verbliebenen Güter des ehem. Herzogtums Sachsen dem Kaiser. Auf dem Reichstag zu Mainz erhält er im Gegenzug das neu geschaffene Herzogtum Braunschweig-Lüneburg zum Lehen.
1247: Stadtrecht für Lüneburg.
1267: Die Söhne Herzog Ottos, Johann und Albrecht, teilen das Herzogtum in die Fürstentümer Lüneburg und Braunschweig auf.
1292: Gründung Celles durch Herzog Otto den Strengen.
1303–1320: Das Wendland kommt an das Herzogtum Lüneburg.
1369–1388: Lüneburgischer Erbfolgekrieg, der das Herzogtum als welfisches Erbe erhalten soll.
1378: Herzog Albrecht von Braunschweig-Lüneburg verlegt seine Residenz nach Celle, nachdem die Lüneburger die herzogliche Burg auf dem Kalkberg zerstört haben. Lüneburg wird eine der führenden Hansestädte.
1521–1546: Herzog Ernst der Bekenner führt die Reformation ein.
1692: Das Herzogtum Braunschweig-Lüneburg wird zum Kurfürstentum Hannover erhoben.
1714–1837: Die Kurfürsten und späteren Könige Hannovers sind zugleich Könige von Großbritannien.
1814: Der Wiener Kongress erhebt das Kurfürstentum Hannover zum Königreich, das 1866, im Deutschen Krieg mit Österreich verbündet, von Preußen annektiert wird.
1859: Auf der Suche nach Braunkohle weltweit erste Erdölfunde beim Heidedorf Wietze. Planmäßige Ausbeutung ab 1885, Einstellung der Förderung 1968.
1885: Schaffung des Regierungsbezirks Lüneburg (2005 aufgehoben).
1893: Bei Munster wird der erste Truppenübungsplatz in der Heide angelegt.
1910: Schaffung des Naturschutzparks Lüneburger Heide auf Initiative von Pastor Bode.
1938: Gründung Wolfsburgs als „Stadt des KdF-Wagens bei Fallersleben" (bis 1945).
1946: Gründung des (Bundes-)Landes Niedersachsen.
1975: Verheerende Waldbrände vor allem in der Südheide.
1976: Eröffnung des Elbe-Seitenkanals nach acht Jahren Bauzeit als 115 km lange Verbindung von Elbe und Mittellandkanal.
1980: Schließung der Saline in Lüneburg.
1993: Das rechtselbische Amt Neuhaus, das nach dem Krieg zur DDR bzw. ab 1990 zu Mecklenburg-Vorpommern gehörte, kehrt per Volksentscheid nach Niedersachsen zurück.
2016: Ende Juni soll der Abschlussbericht der Endlagerkommission zur Lagerung hoch radioaktiver Abfälle an Bundestag, -rat und -regierung übergeben werden.

Restaurants (Auswahl)

Preiskategorien

€€€€	Hauptspeisen	über 20 €
€€€	Hauptspeisen	15–20 €
€€	Hauptspeisen	10–15 €
€	Hauptspeisen	5–10 €

Bad Bevensen: € / €€ Feuer und Stein, Bei der Kirche 1, 29549 Bad Bevensen, Tel. 05821 7236, www.feuer-u-stein.de. Bistro und Restaurant mit internationaler Küche, saisonales Angebot, sehr günstiger Mittagstisch. Schöner Biergarten, kein Ruhetag.
Bispingen: €€ / €€€ Tafelhuus, Kirchweg 1, 29646 Bispingen, Tel. 05194 95 10, www.hotel-rieckmann.de. Spezialität sind frische Forellen aus hauseigenem Räucherofen. Parkplätze, Biergarten, Hunde erlaubt. Nur abends geöffnet, Sa./So. auch mittags.
Gifhorn: €€ / €€€ Ratsweinkeller, Cardenap 1, 38518 Gifhorn, Tel. 05371 5 91 11. Gehobene regionale Gaumenfreuden in einem stattlichen Fachwerkhaus am Marktplatz. Terrasse, Hunde erlaubt. Ruhetage Mo. und Mi.
Hanstedt €€ / €€€€ Sellhorn, Winsener Straße 23, 21271 Hanstedt, Tel. 04184 80 10, www.hotel-sellhorn.de. In gemütlichen Stuben, Jagdzimmern oder eleganten Gasträumen findet jeder einen passenden Platz. Parkplätze, Gartenlokal, Hunde erlaubt.
Hermannsburg: €€ / €€€ Atrium, Billingstraße 29, 29320 Hermannsburg-Baven, Tel. 05052 97 00, www.seminaris.de. Spezialität ist Heidschnuckenrücken. Parkplätze, Terrasse, Hunde nicht erlaubt.
Lüchow: €€ / €€€€ Zum Glockenturm, Kirchstraße 15, 29439 Lüchow, Tel. 05841 9 75 40, www.hotel-am-glockenturm.de. Leichte und raffinierte Gerichte mit Pfiff. Parkplätze, Terrasse, Hunde erlaubt.
Lüneburg: €€ Brauereigasthof Krone, Heiligengeiststraße 39–41, 21335 Lüneburg, Tel. 04131 71 32 00, www.krone-lueneburg.de. Urig eingerichtetes Gasthaus mit vielen regionalen Spezialitäten, auch in kleinen Portionen. Von 1485 bis 2001 wurde hier eigenes Bier gebraut; Brauereimuseum im ehemaligen Sudhaus.
Neuenkirchen: €€ / €€€€ Landhaus Tewel, Dorfstraße 17, 29643 Neuenkirchen-Tewel, Tel. 05195 18 57, www.landhaustewel.de. Regionale Küche, auch aus hiesigen Gewässern. Parkplätze, Biergarten, Hunde nicht erlaubt. Ruhetage Mo. und Di.
Salzhausen: €€ / €€€€ Josthof, Am Lindenberg 1, 21376 Salzhausen, Tel. 04172 9 09 80, www.josthof.de. Gemütliche Gaststuben und regionale Küche. Parkplätze, Terrasse, Hunde erlaubt.
Schneverdingen: €€ / €€€ Hof Tütsberg, Im Naturschutzpark, 29640 Schneverdingen-Heber, Tel. 05199 9 00, www.hotel-hof-tuetsberg.de. Im reetgedeckten Gutshaus aus dem 16. Jh. wird kreative Landküche serviert. Parkplätze, Terrasse, Hunde erlaubt. Ruhetage Mo. und Di.
Walsrode: €€ / €€€ Forellenhof, Hünzingen 3, 29664 Walsrode-Hünzingen, Tel. 05161 97 00, www.forellenhof.de. Rustikale, gemütliche Gasträume und regionale Spezialitäten. Parkplätze, Terrasse, Hunde erlaubt.
Wolfsburg: €€€€ La Fontaine, Gifhorner Straße 25, 38442 Wolfsburg-Fallersleben, Tel. 05362 94 00, www.ludwig-im-park.de. Gourmetrestaurant mit stilvoller Eleganz. Parkplätze, Terrasse, Hunde nicht erlaubt. Nur abends, Ruhetage So. und Mo.

Sport

Bogenschießen: Kurzseminare im Bogenschießen, teilweise auch mit Bau eines eigenen Langbogens, bietet mehrmals jährlich an wechselnden Orten das AGIL-Büro für angewandte Archäologie (Postfach 1115, 21391 Reppenstedt, Tel. 04131 68 17 06, www.agil-online.de).
Golf: 13 Golfplätze laden in der Heide zum Spielen ein. Voraussetzung ist die Platzreife. 12 der Plätze findet man auf www.lueneburger-heide.de, den Golfplatz im Wendland unter www.golfclubgoehrde.de. Eine Trainingsanlage bittet in Hitzacker-Metzingen zum Pitchen, Putten und Chippen (Tel. 05862 5 56).
Kanu und Kajak: Zahlreiche Heideflüsse sind für Kanu- und Kajaktouren bestens geeignet. Mehrere Unternehmen vermieten Boote und sorgen auch für den Transport zum Start- bzw. vom Zielort oder bieten Pauschalprogramme. Dazu gehören Meyer's Kanatour (Wolthäuser Straße 20, 29308 Winsen/Aller, Tel. 05143 9 30 15, www.kanatour.de), Kanu Feeling (Celler Straße 21, 29329 Hermannsburg, Tel. 05052 91 29 29, www.kanu-feeling.de), Heide-Kanu (Marxener Straße 23, 21386 Oldendorf/Luhe, Tel. 04132 93 39 33, www.heide-kanu.de) und Kanu aktiv (Heidweg 16, 29553 Bienenbüttel-Niendorf, Tel. 05823 95 53 39, www.kanuaktiv.de).
Nordic Walking: Ausgewiesene Routen für Nordic Walker nehmen in der Heide immer mehr zu. Zentren sind bisher u. a. Amelinghausen, Bad Bevensen, Clenze, Schneverdingen und Undeloh.
Luftsport: Die Lüneburger Heide kann man auch aus der Vogelschau erleben. Motorlos gleitet man im Segelflugzeug über der Landschaft dahin. Mitfluggelegenheiten bietet der Luftsportverein in Schneverdingen an jedem schönen Wochenende zwischen April und Oktober. (LSV Schneverdingen, Am Flugplatz, Tel. 05198 4 34 an Wochenenden, www.lsv-schneverdingen.de). Ohne Motorkraft schweben auch Heißluftballons über die Heide. Die Startplätze sind wind- und wetterabhängig. Anbieter sind Aero Ballooning Company (Vogelweide 9, 22081 Hamburg, Tel. 040 20 00 47 41, www.aeroballooning.de) und A. O. Ballonreisen (Bendestorfer Straße 76, 21244 Buchholz, Tel. 04181 3 90 97, www.ballonreisen.de). Die aufregendste Luftreise über der Heide ist wohl ein Tandemsprung am Fallschirm. Gelegenheit dazu haben Mutige auf dem Flugplatz Meißendorf-Brunsiek mit erfahrenen Springern des FSV Hannover (Postadresse: Am Teiche 3, 30826 Garbsen, Tel. 0531 2 09 86 67 und 05056 5 79, www.meido.de).
Radfahren: Für Radwanderer ist die durchaus nicht flache Heide mit ihren kurzen Steigungs- und Gefällstrecken ideal; nur Sandwege erfordern eine gute Kondition. Das Radwegenetz ist ausgezeichnet, einen Fahrradverleih gibt es in vielen größeren Urlaubsorten. Die Tourist-Informationen haben Tourenvorschläge ausgearbeitet und bieten auch Pauschalen mit Gepäcktransport an. Auf Fahrradreisende eingestellte Hotels und Pensionen tragen das Zeichen „Bett & Bike" (www.bettundbike.de).

Hoch hinaus geht's im Klettergarten in Wolfsburgs Sportparadies Allerpark.

Die Lüneburger Heide ist Pferdeland.

Zwei schöne Routen sind der etwa 100 km lange Elberadweg zwischen Bleckede und Schnackenburg sowie der ebenso lange Aller-Radweg zwischen Rethem und Schwarmstedt. Insgesamt 912 km lang ist das Netz des Lüneburger-Heide-Radwegs, das in mehreren Abschnitten fast die gesamte Heide samt Wendland erschließt. Informationen gibt die Lüneburger Heide Gesellschaft; eine Darstellung ist im Internet unter www.fahrradreisen.de/radwege/r140 zu finden.
Im Wendland gibt es ein Fahrradtaxi, das Radler samt Räder zum Ausgangspunkt ihrer Touren bringt oder sie am Ende wieder abholt (Tel. 0171 175 84 72, www.mobil-vor-ort.de).
Reiten: In der Heideregion ist man auf kleine und große Reiter eingestellt, ob mit oder ohne eigenes Pferd. Prospekte und Internetauftritte der Tourist-Informationen geben Auskunft über Reiterhöfe und Reitschulen, Kutschfahrten und organisierte Wanderritte. Viele Restaurants, Cafés, Hofläden und Sehenswürdigkeiten bieten Anbindemöglichkeiten für Pferde. Allein im Naturpark Lüneburger Heide sind 18 Reitrouten zwischen 22 und 46 km markiert. Jeweils fünftägige Touren haben u. a. die Tourist-Informationen von Amelinghausen, Neuenkirchen und Schneverdingen organisiert.
Wandern: Auf Wanderer ist die Heide gut vorbereitet. Überall sind die Wege markiert, für alle Gebiete sind zuverlässige Wanderkarten erhältlich. 223 km lang ist der Heidschnuckenweg von Fischbek bei Hamburg über Undeloh, Müden/Örtze und Hermannsburg bis Celle (www.heidschnuckenweg.de). Durch das Wendland führt der 183 km lange Wendland-Rundweg (www.wendland-rundweg.de), quer durch die Heide u. a. ein 125 km langes Teilstück des Europäischen Fernwanderwegs E 1 von Buchholz über den Wilseder Berg, Soltau und Müden/Örtze nach Celle. Noch im Aufbau befinden sich zwei Varianten des Jakobswegs. Eine beginnt in Hittfeld vor den Toren Hamburgs und führt über den Wilseder Berg, Schneverdingen, Soltau und Bad Fallingbostel bis zum Kloster Mariensee, die andere von Hermannsburg in der Südheide über Wienhausen und Celle zum Kloster Mariensee. Beide Zweige lassen sich zu einer ausgedehnten Wanderung kombinieren (Infos: www.lueneburger-heide.de).
Windsurfen: Spezielle Bereiche für Windsurfer mit eigenem Material werden im Wendland am Gartower See und am See von Hitzacker vorgehalten.

Themenstraßen

Zahlreiche ausgeschilderte Themenstraßen führen durch die Heide. Eine der neuesten ist die Erlebnisstraße der Deutschen Einheit, die zwischen Wolfsburg und dem Wendland immer nahe der einstigen deutsch-deutschen Grenze durch die Heideregion verläuft. Andere Themenstraßen sind die Niedersächsische Mühlenstraße (www.niedersaechsische-muehlenstrasse.de), die in Winsen/Luhe beginnt, die Deutsche Fachwerkstraße (www.deutsche-fachwerkstrasse.de), die Niedersächsische Spargelstraße (www.niedersaechsische-spargelstrasse.de) und die Deutsche Ferienroute Alpen–Ostsee. Die kürzeste Themenstraße ist mit 35 km die Romantische Heidestraße zwischen Sprötze bei Buchholz und Salzhausen (www.lueneburger-heideland.de).

Register

Fette Ziffern verweisen auf Abbildungen.

Impressum

3. Auflage 2017

Verlag: DuMont Reiseverlag, Postfach 3151, 73751 Ostfildern, Tel. 0711 45 02-0, Fax 0711 45 02-135, www.dumontreise.de
Geschäftsführer: Dr. Thomas Brinkmann, Dr. Stephanie Mair-Huydts
Programmleitung: Birgit Borowski
Redaktion: Elke Schäle-Schmitt
Text: Klaus Bötig, Bremen
Exklusiv-Fotografie: Johann Scheibner, Berlin
Titelbild: Heinz Wohner / Look-foto
Zusätzliches Bildmaterial: Seite 4 o., 34 u. l.: Annett Melzer, Jameln; 7 (TZ 8), 39, 88/89 u.: look/H. & D. Zielske; 8/9: huber-images/Lukasseck Frank; 16/17: picture alliance/Bildagentur-online/Falkenstein; 18/19: huber-images/Armellin Andrea; 20 o.: fotolia/hhelene; 20 u. l., 21 u.: www.lueneburger-heide.de; 20 u. r., 94 o.: DuMont Bildarchiv/Martin Kirchner; 21 o. l., 22/23, 113 r.: huber-images/Gräfenhain; 34 o., 35 u. l.: Kerstin Rüter, Dannenberg; 34 u. r.: Karl-Henning Hohmann; 35 o.: Margarete von Alemann; 35 u. r., 53 u.: Fellhaus von Fintel; 37 r.: mauritius images/age; 43 o., 58 r. u., 71 o., 112 r. o.: DuMont Bildarchiv/Urs F. Kluyver; 57 u.: mauritius images/imageBROKER/Klaus Rein; 59 o.: mauritius images/imagebroker/Carsten Leuzinger; 59 u.: mauritius images/Alamy; 71 u.: laif/Andreas Hub; 79: www.heide-park.de; 88 o.: laif/Bialobrzeski; 89 o.: look/age fotostock; 90: picture-alliance/Simone M. Neumann; 91 u.: Stockfood/Foodfolio; 93 l.: mauritius images/Alltravel/Alamy; 93 r.: look/Karl Johaentges; 95 o.: fotolia/Andrey Popov; 95 u., 119: Wolfsburg Marketing; 104 u.: Peter Siegmund, Uelzen; 105 u.: mauritius images/United Archives; 106, 107 u.: picture-alliance/dpa/Fabian Bimmer; 107 o.: picture-alliance/dpa/Greenpeace; 108 o.: mauritius images/imagebroker/Ralph Kerpa; 108 u.: picture-alliance/dpa/DB Hans-Jürgen Wege; 109: picture-alliance/dpa/Philipp Schulze; 113 l.: laif/Kürschner; 114 l.: Landhaus Calluna; 114 r.: Landhaus Haverbeckhof; 115 o. l.: Hof Tütsberg; 115 o. r., 118 r.: Gasthaus zum Heidemuseum; 115 u., 118 l. u.: Herrenhaus Salderatzen; 116 o.: huber-images/Andrea Armellin
Grafische Konzeption, Art Direktion, Layout: fpm factor product münchen
Cover Gestaltung: Neue Gestaltung, Berlin
Kartografie: © MAIRDUMONT GmbH & Co. KG, Ostfildern
Kartografie Lawall (Karten für „Unsere Favoriten")
DuMont Bildarchiv: Marco-Polo-Straße 1, 73760 Ostfildern, Tel. 0711/4502-266, Fax 0711/4502-1006, bildarchiv@mairdumont.com

Anzeigenvermarktung: MAIRDUMONT MEDIA, Tel. 0711 450 20, Fax 0711 45 02 10 12, media@mairdumont.com, http://media.mairdumont.com
Vertrieb Zeitschriftenhandel: PARTNER Medienservices GmbH, Postfach 810420, 70521 Stuttgart, Tel. 0711 72 52-212, Fax 0711 72 52-320
Vertrieb Abonnement: Leserservice DuMont Bildatlas, Zenit Pressevertrieb GmbH, Postfach 810640, 70523 Stuttgart, Tel. 0711 7252-265, Fax 0711 7252-333, dumontreise@zenit-presse.de
Vertrieb Buchhandel und Einzelhefte: MAIRDUMONT GmbH & Co. KG, Marco-Polo-Straße 1, 73760 Ostfildern, Tel. 0711 45 02 0, Fax 0711 45 02 340
Reproduktionen: PPP Pre Print Partner GmbH & Co. KG, Köln
Druck und buchbinderische Verarbeitung: NEEF + STUMME premium printing GmbH & Co. KG, Wittingen, Printed in German

FSC
www.fsc.org
MIX
Papier aus verantwortungsvollen Quellen
FSC® C001857

Eine von Berlins Vorzeige-ansichten, der Blick auf Bode-Museum und Fern-sehturm im Hintergrund.

Vor allem in Apulien stößt man auf Trulli. Die Rundsteinhäuser standen ursprünglich auf den Feldern.

Berlin

Große Kunst
Erwartet Sie in den Berliner Museen, nicht nur in jenen fünf, die auf der Museumsinsel liegen und von der UNESCO zum Welterbe gekürt wurden.

Die Hauptstadt anders erleben
Wie wäre es mit einer Rikscha-Tour durch das historische Berlin, mit einer Rundfahrt im Trabi oder mit einer Führung durch die Unterwelt?

Das hippe Berlin
Prenzlauer Berg, Kreuzberg, Friedrichshain und Neukölln, hier trifft sich heute die Szene! Wir verraten Ihnen, welche Clubs und Bars gerade angesagt sind.

Apulien Kalabrien

Italiens tiefer Süden …
… hat jede Menge zu bieten. Alle Natur- und Kulturschönheiten der Region stellen wir Ihnen ausführlich in Bild und Wort vor.

Verlockende Strände
Einer der Hauptgründe für eine Reise nach Apulien und Kalabrien sind sicher die herrlichen Strände, einer schöner als der andere. Wir verraten Ihnen unsere Lieblingsstrände.

Unterwegs per pedes
Wanderungen in Apulien und Kalabrien sind ein wahres Erlebnis, drei herrliche Touren beschreiben wir ganz detailliert.

www.dumontreise.de

Lieferbare Ausgaben

DEUTSCHLAND
119 Allgäu
092 Altmühltal
105 Bayerischer Wald
180 Berlin
162 Bodensee
121 Brandenburg
175 Chiemgau, Berchtesg. Land
013 Dresden, Sächs. Schweiz
152 Eifel, Aachen
157 Elbe und Weser, Bremen
125 Erzgebirge, Vogtland
168 Franken
020 Frankfurt, Rhein-Main
059 Fränkische Schweiz
112 Freiburg, Basel, Colmar
028 Hamburg
026 Hannover zw. Harz u. Heide
042 Harz
062 Hunsrück, Naheland, Rheinhessen
023 Leipzig, Halle, Magdeburg
131 Lüneburger Heide, Wendland
133 Mecklenburgische Seen
038 Mecklenburg-Vorpommern
033 Mosel
114 München
047 Münsterland
015 Nordseeküste Schleswig-Holstein
006 Oberbayern
161 Odenwald, Heidelberg
035 Osnabrücker Land, Emsland
002 Ostfriesland, Oldenb. Land
164 Ostseeküste Mecklenburg-Vorpommern
154 Ostseeküste Schleswig-Holstein
136 Pfalz
040 Rhein zw. Köln und Mainz
079 Rhön
116 Rügen, Usedom, Hiddensee
137 Ruhrgebiet
149 Saarland
080 Sachsen
081 Sachsen-Anhalt
117 Sauerland, Siegerland
159 Schwarzwald Norden
045 Schwarzwald Süden
018 Spreewald, Lausitz
008 Stuttgart, Schwäbische Alb
141 Sylt, Amrum, Föhr
142 Teutoburger Wald
170 Thüringen
037 Weserbergland
173 Wiesbaden, Rheingau

BENELUX
156 Amsterdam
011 Flandern, Brüssel
179 Niederlande

FRANKREICH
177 Bretagne
021 Côte d'Azur
032 Elsass
009 Frankreich Süden Languedoc-Roussillon
019 Korsika
071 Normandie
001 Paris
115 Provence

GROSSBRITANNIEN/IRLAND
063 Irland
130 London
138 Schottland
030 Südengland

ITALIEN/MALTA/KROATIEN
181 Apulien, Kalabrien
017 Gardasee, Trentino
110 Golf von Neapel, Kampanien
163 Istrien, Kvarner Bucht
128 Italien, Norden
005 Kroatische Adriaküste
167 Malta
155 Oberitalienische Seen
158 Piemont, Turin
014 Rom
165 Sardinien
003 Sizilien
140 Südtirol
039 Toskana
091 Venedig, Venetien

GRIECHENLAND/ZYPERN/TÜRKEI
034 Istanbul
016 Kreta
176 Türkische Südküste, Antalya
148 Zypern

MITTEL- UND OSTEUROPA
104 Baltikum
122 Bulgarien
094 Danzig, Ostsee, Masuren
169 Krakau, Breslau, Polen Süden
044 Prag
085 St. Petersburg
145 Tschechien
146 Ungarn

ÖSTERREICH/SCHWEIZ
129 Kärnten
004 Salzburger Land
139 Schweiz
144 Tirol
147 Wien

SPANIEN/PORTUGAL
043 Algarve
093 Andalusien
150 Barcelona
108 Costa Brava
025 Gran Canaria, Fuerteventura, Lanzarote
172 Kanarische Inseln
124 Madeira
174 Mallorca
007 Spanien Norden, Jakobsweg
118 Teneriffa, La Palma, La Gomera , El Hierro

SKANDINAVIEN/NORDEUROPA
166 Dänemark
153 Hurtigruten
029 Island
099 Norwegen Norden
178 Norwegen Süden
151 Schweden Süden, Stockholm

LÄNDERÜBERGREIFENDE BÄNDE
123 Donau – Von der Quelle bis zur Mündung
112 Freiburg, Basel, Colmar

AUSSEREUROPÄISCHE ZIELE
010 Ägypten
053 Australien Osten, Sydney
109 Australien Süden, Westen
107 China
024 Dubai, Abu Dhabi, VAE
160 Florida
036 Indien
027 Israel
111 Kalifornien
031 Kanada Osten
064 Kanada Westen
171 Kuba
022 Namibia
068 Neuseeland
041 New York
048 Südafrika
012 Thailand
046 Vietnam